UNREAD

Does Santa Exist?
A Philosophical Investigation

本书书名
无法描述本书内容

一场逗你玩的哲学探险

[美]埃里克·卡普兰 著

袁婧 译

Eric Kaplan

北京联合出版公司
Beijing United Publishing Co.,Ltd.

本书书名无法描述本书内容：
一场逗你玩的哲学探险

[美] 埃里克·卡普兰 著

袁婧 译

图书在版编目（CIP）数据

本书书名无法描述本书内容 / (美) 卡普兰著；袁婧译 . -- 北京：北京联合出版公司，2016.1（2025.1 重印）

ISBN 978-7-5502-6630-8

Ⅰ . ①本… Ⅱ . ①卡… ②袁… Ⅲ . ①哲学—通俗读物 Ⅳ . ① B-49

中国版本图书馆 CIP 数据核字 (2015) 第 266350 号

Does Santa Exist? : A
Philosophical Investigation

by Eric Kaplan

北京市版权局著作权合同登记号 图字：01-2015-7544 号

出 品 人	赵红仕
选题策划	联合天际
责任编辑	李 伟
美术编辑	程 阁
封面设计	沉清 Evechan

未 讀 A
DR 思想家

出 版	北京联合出版公司
	北京市西城区德外大街 83 号楼 9 层 100088
发 行	未读 (天津) 文化传媒有限公司
印 刷	大厂回族自治县德诚印务有限公司
经 销	新华书店
字 数	136 千字
开 本	787 毫米 × 1092 毫米 1/32 7.25 印张
版 次	2016 年 1 月第 1 版 2025 年 1 月第 17 次印刷
I S B N	978-7-5502-6630-8
定 价	46.00 元

关注未读好书

客服咨询

目录

引言

我儿子、儿子朋友的母亲以及两种解释

　　直到我儿子阿里上了幼儿园，"圣诞老人存不存在"这个问题才开始影响我的生活。小阿里并不相信圣诞老人。十月初那会儿，他本打算和好朋友斯凯勒一起去动物园，但斯凯勒的妈妈塔米给我打电话，说她不想让儿子去了，因为动物园有驯鹿，她觉

得孩子们会因此讨论起圣诞老人。小斯凯勒相信有圣诞老人，他是一个很乖很萌的孩子，还没有跨入叛逆别扭的青春期，塔米希望儿子能继续相信圣诞老人，哪怕只有几年。所以她希望取消这次游玩，这样阿里就不会告诉斯凯勒"压根儿就没圣诞老人，那只是你爸妈假扮的"，然后动摇他关于圣诞老人的信念。

但这实在令我不解。为了维护他儿子与圣诞老人之间不真实的联系，塔米宁愿牺牲她儿子与阿里之间真实的友谊。

为什么我这么确定圣诞老人不存在呢？不是因为我从没亲眼见过他，毕竟我也没亲眼见过以色列名模芭儿-拉法莉（Bar-Refaeli），但她是真实的，起码在我写这段话的时候还活得好好的。也不是因为我没去过北极，没见过他和那些小精灵。虽然那里只有厚厚的冰与雪，但也有很多相关解释——圣诞老人能把大胡子整个铺开，让人们找不到他；而小精灵有种机器，能扭曲周围的光线；又或者，我见过了圣诞老人，但又被他强迫做了脑部手术，清除了记忆。但以上都不是原因所在。我之所以不相信圣诞老人，是没人告诉我他们相信，而且圣诞老人的故事也跟我知道的其他事实不符：比如驯鹿并不会飞上天，玩具都是从商店里买来的，等等。

我把这个故事讲给女儿听，她说："我相信有圣诞老人。"我又问她信不信有复活节兔子[1]，她说："我信。我还小，所以我

---

1 复活节兔子，在西方传说里是复活节时给孩子们送彩蛋的使者。——译者注

什么都信！"

我又讲给我妻子听，她是一位罗马尼亚共产主义熏陶下长大的心理学家，她是这样认为的："美国父母老拿这种事儿糊弄孩子，等孩子长大发现自己被蒙了，一赌气，就成了熊孩子。"

但我还是不能理解塔米太太的做法，对此我能想到的比较合理的解释有这么两种：

蒙人

出于某些原因，过去美国孩子普遍相信圣诞老人，可能父母们觉得这是一种吓唬孩子、让他们听话的好办法吧。等孩子慢慢长大，不再相信圣诞老人之后，他们自己更会觉得那是一种蒙孩子的好办法。这样一来，社会就分成了两类人：蒙人的和被蒙的。蒙人的动机从善意的（父母）到自私的（卖圣诞商品的奸商，或者利用神话把这个移民国家凝聚在一起的美国政客）都有。直截了当地说，这事儿整个就是在蒙人嘛。

就我对现实的观察来看，蒙人现象确实是存在的。我在好莱坞工作，这是一个大量生产影像和故事，再输送给全球观众的地方。我们几个在给电视剧《生活大爆炸》写剧本。某一集里，谢尔顿（Sheldon）在《龙与地下城》游戏里把圣诞老人给杀了。关于圣诞老人是否存在，一位编剧希望这部剧能保持开放的观点，因为他孩子会看，他们还相信有圣诞老人。当然，作为一个靠广告过活的美国情景剧编剧，他善良的动机跟不太善良的赞助商们一拍即合。

发疯

这个问题还有另一种解释——在塔米的思维里，有些东西是自我分裂的。根据这个理论，她的脑海里可能有一部分是相信圣诞老人的。当她跟其他成人聊天时，她会对圣诞老人绝口不提；但在与孩子相处时，她也是相信圣诞老人存在的。关于她所相信的东西，自不会说出口。她可能永远不会去说"我相信有圣诞老人"，但她仍会对其抱有幻想。如果儿子不再相信圣诞老人了，她就会非常不安，因为她的脑海里有一部分是相信的。

人怎么会对圣诞老人既相信，又不相信呢？如果你是阴谋论者，可能会觉得，对于相不相信圣诞老人这件事，她在撒谎，你会更加怀疑她说出的想法。

但一个人在不同时间、不同环境下，确实会相信不同的事。让我们来设想一下，塔米回到家，躺在床上。当她快要进入梦乡的时候，忽然听到脑海中的一个声音，好像就是她自己的。那个声音说："圣诞老人确实存在。我还记得要等他来。我怎么知道他不会来呢？是的，一半的我认为他不会来，永远不来了，但凭什么只相信这一半的我呢？"

塔米身体里住着好些个不同的塔米。有的塔米曾相信有圣诞

老人；有的塔米至今还相信有圣诞老人；有的塔米一想到圣诞老人就会很开心，一想到我（埃里克）不信圣诞老人就会很生气；有的塔米可以自然地想起圣诞老人的图片、电视节目和歌曲。

塔米这个人可以是自我分裂的，这些塔米可以同时存在。就是说，在她的脑海里有一个声音说："圣诞老人当然不存在了。"但又有一个声音说："希望他能给我带点儿好礼物。"这种分裂也存在于不同的时间之中。这就是说，在圣诞节这段时间之外，她可以随便拿圣诞老人开玩笑；但当圣诞节到来时，她也可以说得像真相信有快乐的圣诞老公公似的。

既然第二种解释连脑海里的声音都谈到了，我们干脆直接叫它"发疯"好了。

蒙人和发疯这两种解释，就更深层次而言，其实是有相似之处的：前者是在人际关系层面产生了矛盾，后者是在自我认知层面产生了矛盾。我们的社会是由各种心照不宣的密约构成的，充满了自相矛盾的谎言。发疯的人不过是在蒙自己罢了。

在发疯理论中，塔米的认知出现了断层——既有相信圣诞老人的部分，也有不相信的部分。在蒙人理论中，美国人民出现了断层——有相信圣诞老人的，也有不相信的。但无论是哪种理论，两边的关系都是一团糟。你甚至可以把两种理论互换，说塔米是在蒙自己，或全美国人一提圣诞老人的问题就会发疯。

那么，蒙人和发疯理论都是对的吗？

关于这两种理论，宗教理性主义批判和人类行为学研究中都有涉及，举例如下：

★ 马克思主义——蒙人理论支持者。神父可以通过蒙人来确保自己的权威："你死后就可以上天堂吃馅儿饼了。"

★ 精神分析学——发疯理论支持者。人类会以非理性的信念来抵抗精神压力，比如对死亡的恐惧、恋母情结，等等。

★ 神经生物学——发疯理论支持者。人类大脑进化出了存在感知的模块，这在进化中是相当重要的，原始人类必须知道在这个洞穴里还有没有同伴。当我们认定圣诞老人存在时，大量神经组织会不必要地兴奋起来。这种状态就像是对花粉过敏时，明明没有打喷嚏的必要，但我们总是会对抗原产生抵抗。

★ 模因论——支持由于发疯所以蒙人的理论。模因是指我们的文化基因，当我们因受他人影响而相信、传播某种观点时，人类群体会大规模地模仿。

通常在进行此类讨论时，我们会做好脑洞大开的准备，等着专家用科学理论来说服我们。但在如何看待现实、看待余生的问题上，科学并没能提供很好的解答。某些科学家和哲学家会马上反驳：科学当然能告诉我们要怎么看待生活和现实了，显然嘛，它告诉我们应该以科学的方式去看待。但他们说这话的时候可不是在搞科研，他们说的是科学新闻和科普读物。

科学没有告诉我们该怎么看待科学。想搞清楚到底怎么回事，你只能从以上这些理论里选一个来套用——马克思主义、精神分析学、神经生物学或模因论。这样一来，马克思主义者之所以信仰马克思主义，只因为它符合阶级利益；精神分析学家之所以信仰精神分析学，只因为它能抵抗焦虑；神经生物学家之所以信仰神经生物学，只因为它符合因果规律；模因论者之所以信仰模因论，只因为该理论本身已感染了他们的大脑，让他们自发地传播起来。这些理论只是在自证，解释圣诞老人问题的时候也一样。不能因为这些理论貌似能对某些问题给出科学解释，就轻信它们，我们不该再继续盲从，别再相信什么科学解释。这些理论都是用自证来解释关于圣诞老人的问题。那么当我们意识到这不再是一个科学问题，又该如何面对这个理论、如何面对圣诞老人的问题呢？

我们可以用科学道理和金钱的价值来打个比方。一本经济学、财经学教科书，能告诉你该怎么赚钱，但不会告诉你怎么判断金钱重不重要。这个问题我们可以尽量讨论，从拜金主义到视钱财如粪土、嬉皮士似的居无定所，有的是选择余地，当然你也可以走中庸之道。这种态度同样适用于科学道理，我们可以选择完全相信、完全不信，当然也可以取中间值。

你可能会想，既然塔米已经说了她相信圣诞老人，所以她不是蒙人就是疯了。为了证明自己的观点正确，你可能会说"疯子从不承认自己发了疯，骗子从来不说自己在骗人"。但这又会产生两个彼此纠缠的问题：一个是道德层面的，另一个是认知层面的。

第一个问题（道德层面）：到处指责孩子朋友的父母或其他人是骗子、疯子，明显是种惹人厌且不礼貌的行为。而塔米似乎也不是在撒谎，她始终是为了儿子，至少表面上是的。

第二个问题（认知层面）：说到底就是那个老掉牙的笑话——一个英国国教牧师在向别的牧师解释什么是"正统"："我们的教义才是正统，你的是异端。"[1]

它的笑点在于这种判断"正常"和"真实"的方式，甚至只用常理就能判断出来到底是谁在发疯、蒙人。否则，"你竟然相信圣诞老人，我也是服了"无异于以一种更高调、更夸张的语气说"圣诞老人根本不存在"，这是一种打扮成心理学的人身攻击。

如果假设圣诞老人确实不存在，我们可以说塔米这人发疯

1　教义（doxy）一词在古英语里也指"妓女"。

了，但我们不能用她疯了的事实来反证圣诞老人不存在。还有种更直接的方法，如果我们想知道圣诞老人是否存在，可以走出去瞧瞧，看世界上有没有能对应这种信仰的东西。什么才是能"对应"信仰的东西呢？一个明确的概念，还是一个模糊的象征？它能不能点明什么存在、什么不存在呢？让我们看看下面这个实验。

请想象有一块很大的空地，装得下参加史上最大规模的"游荡者"游戏[1]的所有选手。你掀开了自己的头盖骨，所有的信仰都一股脑儿跑了出来，他们手拉手站在了场地的一边；而另一边站着一排排各种各样的真实事物。这时信仰们陆续喊出自己的名

---

1 一种19世纪的儿童游戏，两队人站成两排，被点名的孩子要立即上前冲破对方的阵形。

字。"非洲存在"的信仰高喊自己的名字："我相信非洲是存在的！"这时"非洲"这个真实事物举起双手，然后他们双双跑到了场地的另一边，那里悬着一个写着"真实的信仰"牌子。"蜜蜂！我相信有蜜蜂！""太好啦，我们就是蜜蜂！"然后他们又一起跑开了。"我相信有海王星！""我就是海王星！走，喝一杯去！"然后配对成功，一起走掉了。到最后，场上还剩下一些信仰，他们举起手喊道："我相信消失的亚特兰蒂斯真的存在过！"但另一边没人回应它，因为没有消失的亚特兰蒂斯这种东西。"我相信有小精灵！"也没人回应，因为没有小精灵这种东西。"我相信有圣诞老人！"一样没人举手，因为并没有圣诞老人。相信圣诞老人成了错误的信仰，因为没有圣诞老人这种事实来对应它。

这里有个很重要的问题：我们无法把信仰分成小块，分了还怎么数呢？"我相信非洲存在"这个信仰，是由非洲的人口、国家和动物这些小信仰组成的超级大信仰吗？它是从属于"世界分成几个大洲"的子信仰吗？有什么证据能够证明它是一个实体？是也，非也，我们的所有信仰都汇聚成了一张网，更准确的说法是，能汇聚成一整个世界。如果所有事物都能两两对应，它就是一个完整的信仰体系，所有信仰都手拉着手，完美地对应现实事物，这样一来，我的思想就能够跟世界完全对应上了。

但还有个更严重的问题。在做这个假设的游戏时，我们自己就站在场上的某处，充当着裁判，扭头看看一边的信仰，再回首看看另一边的事物。但当我们看着某个事物时，也可以说是因为我们相信它存在，才会看到它站在那儿。我们没有能力完全跳出这个框框，从外部审视这个世界，审视我们的信仰。

我们来看看这张描述认知的经典插图：

这人脑子里像个苹果似的东西是什么？一堆原子罢了。如果你愿意，也可以说这是神经元和神经质细胞，说它是前额叶皮质、小脑、中脑导水管周围灰质和海马体之类的综合体，但人脑中可没有一样东西长得像苹果。什么时候我们才能像图中那样，既能看到苹果，又能看到信仰呢？永远都别想。我们与我们的信仰是一体的，你只能不断去发掘它。

我们不可能把信仰拆出来单看，不可能去观察信仰和苹果能不能对得上，因为信仰和苹果本身就是一体的，两者相互依存，

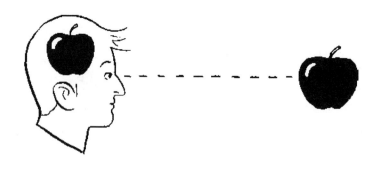

如同蜜蜂眼中的鲜花一样。

这就是为什么我要将圣诞老人的问题拆成两部分，一是解决个人内部的矛盾，二是解决人与人之间的矛盾。要知道，相信圣诞老人存在这件事着实有点儿搞笑，当我们审视问题时，会再次陷入"要将内部信仰和外部现实对应起来"的泥沼。

本书要讲的是那些我们不太确定的东西，那些我们将信将疑的东西，那些我们时信时不信的东西，那些我们无法逼自己相信的东西，那些我们不想再信又不知道后果如何的东西。我想从个人与集体的角度，研究一下对待这些事情的正确态度，看看除了跟别人（或是跟自己有矛盾的人格）对吼"你这个骗子！""你这个疯子！"之外，还有没有其他解决办法。如果圣诞老人对你来说就是如此，那很好。如果你碰巧不信圣诞老人，估计也是因为小时候被我儿子这样的聪明鬼刺激过吧。你也可以找一种自己相信但其他人不以为然的东西来代替。我的建议是：你可以选择"生命的意义"这个东西，也就是说一切事物的意义。接受现实吧，总有一天你是要死的，世间万物也终将凋零，那活着的意义是什么呢？有些人的答案是遵从上帝的旨意。那为什么说上帝的生命就有意义呢？如果连他的生命都没有意义，又怎么能让你的生命有意义呢？有些人的答案是传宗接代，这有点儿扯了。假设在遥远的星系中有一个虫洞，所有扔进去的东西都会在另一端复制出一兆兆兆倍，我们也不用什么都往里扔，只要派一支宇宙舰队扔一块人类皮肤进去就行了，哪怕这样，也比我们自己来复制有效率得多。和人家比起来，我们自己的复制毫无意义！传宗接代本来就毫无意义，自然也就不能当作一切事物存在的意义。

还有些人认为生命的意义就是自由意志。乍一看还挺伟大的，但仔细一想就会发现问题。如果我要在下午 2:00 的时候赋予自己生命的意义，说明我也能在 2:01 赋予自己生命另一个意义。这样一来，我的生命就是由这些赋予仪式构成的，但我赋予的意义又是什么呢？我是怎么分辨这个意义有价值，别的没价值的呢？如果我要给自己的人生找个意义，又是什么促使我这样做呢？这就成了随机事件吗？

眼下，我的看法是，关于"生命有什么意义"的答案没有对错之分，它们既不能战胜对方，也不能证明自身正确。如果你属于大多数人，那么我猜对于这个问题你也没什么确切的答案，一样摇摆不定。但无论答案如何，它都是你自己的那个圣诞老人。

LOGIC

第一部分　逻　辑

1

本节标题无法描述本节内容

　　既然我们无法跳出自身局限，去观察信仰和事物，观察它们是否"对应"，那我们还能做什么呢？逻辑学家说，若想成为一个优秀的思想家，最起码不能自相矛盾。也就是说，我们不能说某人既是张三又不是张三，珠穆朗玛峰既是一座山又不是一座山。为什么呢？因为这样等于什么也没说！这时听众就会问了："那它到底是不是一座山啊？"这就是所谓的自相矛盾。塔米看待圣诞老人的态度就是矛盾，她既相信又不相信。对于这类问题，逻辑能为我们指一条明路，教给我们一套有效的思考问题、解决问题的方法。

　　逻辑的发展可以追溯到公元前6世纪，它源于古希腊、中国和印度这三大文明。为什么逻辑没有在古埃及或墨西哥这些古文明中出现呢？因为这里的先民只信奉一个神、遵从一部法律，以同一种方式跳舞。他们会聚集起来，与一群信奉另一个神、遵从另一部法律、跳另一种舞的人交流、通商。当时，前面三个文明都不是集权国家，没有人逼着大家信仰同一个神、遵从同一部法律、跳同一种舞蹈，所以他们必须找到一种沟通合作的方式。

我们之所以称逻辑为一条"明路"，是因为它是我们自己的选择，我们希望它能解决一些问题。我们如此选择，是因为逻辑不会束缚我们。逻辑是一种工具，也是一种事物的排列方式，而它又相对独立，不会因为我们做了不合逻辑、不合常理的事而恼怒、伤心、低落或失望。说到底，它跟你妈妈不一样，不管你用或不用，它就在那里。逻辑也许是我们为某种目的所设计的一套理论架构，又或许是为解决某个问题而去深入了解的某种事物。无论是哪种情况，我们都是带着某种目的去选择逻辑作为工具的。

那么，这个目的又是什么呢？

亚里士多德是一位对西方（和穆斯林世界）思想影响深远的哲学家，他太伟大了，以至于数千年后的我们都要尊称他为"先哲"（The Philosopher）。他曾说，逻辑的本质就是矛盾律[1]（law of self-contradiction）。没有人在同一时刻既是张三，又不是张三。逻辑存在的意义，就是将我们从自相矛盾的困境中拯救出来，带入能够自圆其说的新境地。这是一条从认知失调、心理失衡到和谐融洽、思维清明的道路。如果我们能将自己的信仰清楚地阐释

1　即要求思想前后一致，不能自相矛盾。——译者注

出来，再通过调查审视、再次澄清的方式将矛盾剔除，那么就能将信仰全部理顺，从而达到终极目的。那时我们就能确定什么存在、什么不存在，自我矛盾也将荡然无存。

这里有个例子，可以告诉我们逻辑是如何运转的。

乔治是艾迪的朋友，有一天艾迪在商场偷了东西。售货员问乔治艾迪有没有偷东西，这时乔治有两个选择，一是忠于朋友，二是忠于自己的是非观念。

我们来想象一下乔治和逻辑学家的对话：

逻辑学家：孩子，挺难选的啊。

乔治：我该怎么办啊，逻辑学家！您能帮帮我吗？

逻辑学家：这个嘛，我们先说说你的问题吧。你觉得"看到犯罪行为应该揭发"是对的吗？

乔治：当然是对的。

逻辑学家：那你觉得"要保护自己的好朋友"是对的吗？

乔治：当然！

逻辑学家：艾迪既是你的朋友，又犯了罪，你既认为"自己应当揭发他"，又认为"自己应当保护他"，这就是矛盾所在。

乔治：就是这样！我该怎么办？

逻辑学家：让我们定义一下范畴，检查一下推导条件——什么是犯罪？

乔治：就是违背法律。

逻辑学家：揭发犯罪就一定是对的吗？假设你身处纳粹德国，有个朋友违反法律庇护了一个犹太人，你会揭发他吗？

乔治：我不会。

逻辑学家：所以，"看到犯罪行为应该揭发"就是错的咯。你能既当好人又保护你的朋友啦，矛盾解决了！

乔治：谢谢，逻辑学家！

当然，话也可以反过来说。逻辑学家可以从"好人总会支持朋友"谈起，指出其中的问题，再推导出"好人有时也会揭发自己的坏朋友"。或者，他可以更透彻地解释一下"帮助"的含义，也就是说，好人也能通过揭发的方式帮助自己的朋友，好让他们悬崖勒马。这些都能为乔治指一条明路，帮他解决矛盾，获得思维上的自我统一。

有时，逻辑解决问题的能力太剽悍了。比如诡辩家[1]柏拉图有一次就有意忽悠了一位狗主人，他是这么说的：

1. 你有条狗。

2. 你的狗有小狗。

3. 如果甲有乙，乙有丙，那么甲就有丙。

---

1 你可以称呼那些为钱卖命或是你不喜欢的哲学家为诡辩家。

4. 只有狗才能有小狗。

5. 你有小狗（根据1、2、3条推出）。

6. 你是条狗（根据4、5条推出）。

需要说明一下，这段对话里的人不是狗，他是人。[1] 幸运的是，这位诡辩家的推导在逻辑上站不住脚。不能因为你有条狗，狗还有小狗，就说你是条狗。为什么呢？

因为"有"这个字有两层含义：1.拥有；2.生育。一旦我们搞清了一字多义的问题，就能看破他的诡辩了。第一条的"有"和第二条的"有"意思不同，在特定的法律框架下，第三条的所有权推导是正确的，但套在"生育"的意思上，就完全不对了。

看起来，逻辑再一次力挽狂澜。

它能帮我们摆脱一些概念上的陷阱。

这太管用了。

逻辑，干得不错哦！

但有些时候，逻辑也弱爆了。即便我们厘清了自己的观点，对"你何时会背叛朋友""好人何时会犯罪""怎么才算'帮助'"这些疑难问题都有了答案，但依然会发现有一些问题无法靠逻辑来解决。这些问题即人们所说的"逻辑悖论"，也就是说，一句话从逻辑的角度来看既真又假。这里就有一句悖论：

1　这一点你可以从狗不会说话推断出来。

这句话是假的。

如果这句话确实是假的，那么它就变成了真的。如果这句话确实是真的，那么它就成了假的。若想以逻辑为手段检验信仰的真假，就会被这句话拦住去路。也就是说，那些帮我们解决了乔治、艾迪和盗窃问题的招数不再管用了，因为在前面的例子中，所用的词语非常简单，都是些十分基础的逻辑词汇。

逻辑学家们这次试图引入数学手段，但又冒出了一大堆悖论，我们称之为"集合论悖论"[1]。这里还有个例子：

我们有很多形容词，其中有一些可以对自己做出描述，比如"中文的"[2]。但有些词无法对自己做出描述，比如"长的"，因为这个词本身并不长。

我们可以用"自述性"来形容那些能描述自身的词，用"非自述性"形容那些不能描述自身的词。

我们可以举一些自述性词语的例子，比如"形容词的""多音节的"。

还有一些非自述性词语的例子，比如"英文的"[3]"难以理解的"。

---

1 1902年由著名数学家、哲学家伯特兰·罗素提出，所以又被称为"罗素悖论"。——译者注

2 此处原文是"English"，但直译为"英文的"不符合"能自我描述"的文意，因此与下文中的"Chinese"进行了调换。——译者注

3 参前。——译者注

这时，悖论就来了——当我们讨论"非自述性"一词时，它本身有没有自述性？如果它是自述性的词，它就应当具有非自述性。如果它是非自述性词，那么它也应当具有自述性。在这种"说谎者悖论"的影响下，我们的思维在两种截然相反的观点之间游移，举棋不定。

为了解决这个问题，英国哲学家伯特兰·罗素提出了名为"类型论"的解决办法。就是说，我们只要用他这套方法谨慎说话，就不会再陷入悖论的泥沼。举例如下：

首先，我们要舍弃"自述性"这套给形容词分类的方法，下定义的时候要倍加小心，说清楚它是用来形容哪类事物的，界定方式不能出现悖论。例如"长的"可以用来形容物体，但不能用来形容单词。如果你要找一种既能形容单词又能形容物体的词，那就是另一类的形容词了。眼下这个词是从"只能形容物体，不能形容单词"的大箱子里掏出来的，如果你想形容一个东西，只能从"形容物体"的大箱子里找，而不能去"形容单词"的大箱子里找。

反过来看，如果你想形容一个单词，就只能去翻翻"形容单词"的大箱子，而不是"形容物体"的箱子。但如果你既想描述物体又想描述单词，那该怎么办？没事，我们还有专门针对它的箱子呢。我们有一个装着既形容物体又形容单词的词汇的箱子，也就是我们说的"二级形容词"。我们会有无数个这种大箱子。

罗素留给我们一套分类法，有了它，我们就再也不会犯悖论的错误了。

按照罗素的类型论方法，"自述性"一词是否有自述性的悖论就不成问题了。没有哪一个形容词既能描述单词，又能描述形容词，因此也就没有了能描述它自身的形容词。如果你能谨遵此方法的教诲，就不会再陷入任何悖论。它就像一种对思维的净化。

逻辑学家、哲学家阿尔弗雷德·塔斯基（Alfred Tarski）也曾通过类似的方法解决说谎者悖论——要界定"真"这个词，就不能让它出现在相关定义语句中。

首先，塔斯基将"真"定义为目标语言L，目标语言要通过所谓的T句描述出来。怎么描述并不重要，我们只需知道塔斯基能在不提到"真"这个词的前提下，就将T句表达出来。如果写下来是这个样子：

> "'雪是白色的'在L句中为真"，当且仅当雪是白色的时候。
> "'草是绿色的'在L句中为真"，当且仅当草是绿色的时候。

换言之，如果你想让"雪是白色的"能够成立，只要把"在L句中为真"加上就可以了。而一旦你这样做，你在讨论的就不是L句本身了，而是元语言L1。目标语言之所以叫作目标语言，是因为它描述的是某个具体的对象。而对比来看，元语言L1描述的是目标语言的句子本身。在元语言中既包含了"在L句中为真"，也包含了"在L句中为假"。我们还有元元语言，描述的是元语言的句子本身。在这类句子中，我们可以说"'雪是白色的，在L句中为真'在L1句中为真"。

但我们什么时候能说"这句话是假的"呢？那就没办法了。你可以说"在L句中为真"，"在L1句中为真"，"在L2句中为真"，等等。"真"这个词并不会给我们带来麻烦。

擅长解谜的读者一定会发现有个问题——如果想按照罗素和塔斯基的方法描述事物，同时又要解释怎样对事物进行描述，他们就必须打破自己设计的描述规则！

所以罗素也说了："别去问'自述性'本身可否自述，这句话毫无意义。若想使用我的类型论，唯有准确地使用形容词，才能保证其有意义。"

但罗素这句话本身就违反了自己设下的所有规则。他说，不要去追问"自述性"本身可否自述，这句话毫无意义。但这句话肯定有意义啊，这不是他自己刚说的吗？我们也听懂了啊！他说的又不是：

"不要去追问'蹦巴拉蹦巴拉砰'，这句话毫无意义！"

这句话才是真的看不懂。

他说："别去问'自述性'本身可否自述，这句话毫无意义。"

这句话明显是错的。"'自述性'本身可否自述"，这肯定是有意义的，不然它跟"蹦巴拉蹦巴拉砰"有什么区别？我们也不知该如何思考了。

这可是个大问题啊！而且他的回答也很有问题："不要让一个单词泛指所有的事物，要将单词按照其所指的事物在类型或等级上进行划分。"要知道，这句话也违反了他的规则。这句话里的"单词"一词，就是对各类词汇的泛指。

我跟一些哲学教授讨论过这个问题，他们是这样为罗素和塔斯基辩解的："使用"和"提到"是有区别的。他们认为罗素说"别使用自述性单词"时，确实提到了"单词"这个词，但并没有使用它。但我觉得这个说法站不住脚，因为"提到"就是一种

"使用"，当我们提到一个词时，就是在用它。"单词"这个词在"单词很有意思"这句话里起的是表述作用，在"要避开自述性单词"这句话中只是被提到了一下下，但这两种情况其实是一回事，不都是使用了"单词"这个词吗？就某种程度而言，单词就像是给了你一个吻，如果我为了证明自己为何不该吻你而去吻了你，那我还是吻了你啊。这么说吧，世界上没有"举例吻"这个东西。你要是不信，下次开性骚扰研讨会时试一试，别忘了告诉我结果。吻是不能用来举例的，因为它具有实在的用途，单词也是一样。

逻辑自诩能通过明确的定义来解决争议，但一遇到悖论，它就开始自相矛盾了。如果用这种方式，我们既不能表达清楚问题，又找不到明确答案。

意识到悖论这个问题后，你会发现到处都是问题。举例而言，在20世纪初有个哲学流派叫逻辑实证主义，希望通过确定命题的意义来解决一切问题，而不仅仅包括逻辑问题。逻辑实证主义者认为，句子只有满足了以下条件之一才有意义：

1. 逻辑正确，例如"甲＝甲"。

2. 科学可证。

他们试图通过清除一切形而上学和宗教的内容，来彻底净化我们的思想和语言，因为他们觉得形而上学和宗教都是不好的。那时正值"一战"之后，欧洲文明毁灭殆尽，人们渴望一些激进的补救措施，这可以理解。但逻辑实证主义者有个最大的问题：他们给出的定义本质上就是毫无意义的，而且"有意义的句子必须在逻辑上正确，或可由科学证实"这句话既非逻辑正确，又无法用科学证实。没人会在化验一根钠试管、检查一只海狸的肛门之后报告："我发现有意义的句子要么逻辑正确，要么科学可证！"

由此推断，逻辑实证主义要么大错特错，要么毫无意义。嗯，估计就是错的。有时逻辑实证主义者会将自己的工作与艺术作比。他们认为有意义的句子通过论证来说服他人，艺术则通过情感影响他人。因此，"有意义的句子必须逻辑正确，或可由科学证实"虽然没有意义，但它依然有一定的感染力，就像那首《我是海象》[1] 的歌词一样。"逻辑实证主义属于艺术"这句结论显然也有问题，它和艺术一样失去了意义。

路德维希·维特根斯坦在《逻辑哲学论》中为逻辑实证主义提供了另一种复杂的解释，一种类似实证主义的理论。他说，"如果一个句子有多重指向性，能从中挑出一种相对应的句子才是有意义的"。维特根斯坦指出了逻辑实证主义的问题：上面这句话本身又该如何定义呢？如果只有选出一种可能性的句子才是

1 披头士乐队一首富有争议的歌曲，歌词充满了迷幻色彩。——译者注

真的，那么"只有选出一种可能性的句子才是真的"这句话又是不是真的呢？维特根斯坦很有勇气，他的结论是——这句话毫无意义。

"我的命题应当以如下方式阐述：那些理解我的人，当他们以这些命题作为梯子并且登上它们时，就会最终认识到它们是无意义的。（或者说，在登上高处后，他们必须扔掉梯子。）"

维特根斯坦是个绝顶聪明的人，但这段话绝顶愚蠢。任何爬过梯子的人都知道：我们用梯子爬上高处再把梯子蹬掉，我们就下不来了！干吗要把梯子扔了呢？如果我们爬上去后觉得上边不怎么样呢？如果爬上去才想起来落下东西了呢？如果我们时而想上去，时而又想下来呢？爬上去后万一下大雨了，我们还想下来躲躲呢！为什么维特根斯坦要建议我们上去后就把梯子扔了呢？这主意太烂了！

我们是从圣诞老人的本体论地位开始讨论的，因为关于圣诞老人是否存在，我们的意见摇摆不定。那么逻辑这条路行得通吗？它打出的旗号是"不矛盾"，没准儿它能解决一些相互矛盾的问题呢。但其实根本不靠谱！我们追溯到本源的地方，逻辑学家在讨论逻辑本身的时候，说的话都是不合逻辑的。他们认为逻辑与生活的关系既真实又荒谬。无论在崇高的逻辑领域还是在日常生活中，我们的思想都是分裂的，逻辑学家也跟我们一样分裂！在逻辑实证主义者的脑海里，一半认为自己特别有理，另一

半觉得自己是在白忙活。就像维特根斯坦既认为逻辑哲学论特别重要，又认为它一无是处。他其实跟塔米一样困惑吧！

这些逻辑学家都疯了吗？还是他们在蒙人？他们是不是为了谋一份轻松的教职才说这些狗屁不通的话？是为了参加豪华的逻辑学派对，还是为了在拉斯维加斯办一场炫目的逻辑舞台秀呢？

再或者，逻辑就是解决不了逻辑悖论，即无法解释自身的悖论，这样说可以吗？

不可以。原因有两个：

一是，逻辑学家的目标就是在生活中消除矛盾，如果逻辑本身就自相矛盾，那么它连自证都做不到。假如我是个摇滚巨星，活得充满矛盾也无所谓，因为我走江湖靠的是超赞的音乐。但假如我是个逻辑学家，自然想吸引公众注意、获得社会认可、赢得经费支持，所以我就一定得有逻辑。

二是，在如何看待圣诞老人这点上，目前确实毫无进展。

可以这样说，我们意识到看待圣诞老人这个问题有两种观点：我们想相信他是存在的，但同时又觉得他未必存在；我们坚信没有圣诞老人，却发现自己必须接受另一种毫无意义的理论。其实逻辑跟圣诞老人的处境也差不多，我们对它也是将信将疑。

2

如何才能显得不傻

法理学上有一种说法："疑难案件出恶法。"思考这句话的真假会让你头痛欲裂，还是别钻牛角尖了。虽然我们不是《星际迷航》里的机器人，脑袋不会因过载而爆炸，但总去思考这些事真的很难受。虽然哲学家曾抱怨说，靠别人的思想来活着会损害自己的尊严，但我们还是应该看看理性和逻辑到底能不能绕开上一章所说的陷阱。

也许逻辑和理性的首要任务并不是厘清思路，而是为我们解决生活难题。对思想而言，也许不应该一上来就拿理性当标杆，而应该拿它去衡量我们的行为，再延伸到思想层面。错误的信仰之所以错误，或许是因为它会让我们做出愚蠢的、没效率的举动。并不是说相信圣诞老人这件事有多糟（其实也挺糟的），而是这种想法会让我们干一些蠢事。你可别去相信圣诞老人啊，换句话说，信了你就麻烦了。这可不仅仅是概念上的麻烦，也不是说"哲学家会觉得你是个脑残",而是那种很实际的麻烦——你的钱包会变空。

解释这个概念的最佳替补是实践理性,它的大致观点是:如果你想要某样东西,就得想办法得到它;如果你想要许多不同的东西,首先要保证信仰的正确,然后要保证生活态度上不能朝三暮四,这样才能获得你所追求的东西,否则你永远不会满足。举个例子,假如比起一罐汽水你更想来块比萨,那么你不能回过头来又想要汽水,否则,你就会像下面这位悲剧主人公一样。

独幕悲剧《朝三暮四》

角色:我和你

你拿着一罐汽水和100块钱登场了。

我也登场。

我:嘿,想来块比萨吗?

你:想!

我:太好了。给我一块钱,我就拿比萨跟你换汽水。

你:好嘞!

你拿汽水换了比萨,现在手里有一块比萨和99块钱。

你:谢啦!

我:甭客气!不过其实你更想来罐汽水吧?

你:可不是!汽水可好喝了!

我：好啊，我正好有罐汽水！

你：这是我刚才给你的！

我：还是老样子，拿一块比萨和一块钱来换怎么样？

你：好啊！我正好有一块——

我：就是我刚才给你的那一块！

你：可不是吗！

你拿比萨换了汽水，现在手里有一罐汽水和98块钱。

（画面切换）

重复98次之后，你拿着一罐汽水坐在那儿哭，手里已经没钱了。

你：呜呜呜……

我：怎么了？

你：我真的很想来块比萨，但我没钱了。

我：我能解决你的问题。

你：太棒了！怎么办？

我：你可以刷卡。

（谢幕）

悲剧啊！就因为你朝三暮四，才让狡猾的人（我）钻了空子，榨干了天真的人（你）。这种态度明显有问题，不够理性。无论你怎么选，不懂变通固然不好，但总是在变也一样不好。你会因此失去钱财和机遇，放煮熟的鸭子飞走。那些有价值的、你所珍视的东西，会由于你的不理性而不断损失，也会因为你的理性而不断累积。

这事看起来挺好玩、挺逗乐，不就是浪费时间吗？没人会既选汽水又选比萨。但实践理性主义者指出，不理性的表现可能多种多样，很复杂。比方说，朝三暮四还有其他表现：和金枪鱼三明治相比你更喜欢汽水，和比萨相比你更喜欢金枪鱼三明治，和汽水相比你更喜欢比萨，转一圈的结果还是回到原地。如果你也是个朝三暮四的人，就算玩"荷兰赌"也能让"狡猾的赌徒"找到可乘之机，输得很惨。假如你生活中也是这样，做什么都会出问题，那肯定因为你是个缺乏理性的人。

理论也自有其生命周期：一开始，理论都很简单，之后变得越来越复杂，很多哲人会对它提出挑战，为了捍卫自己，理论就会变得更模糊、更复杂、更具防御性，这样才能击退来犯之人。再后来，理论就死掉了。其实理论消亡前还会在一个特殊保护区内待一会儿，这里是专为那些过于复杂、难以在外界生存的理论准备的，这就是大学。实践理性主义就经历了这样一个生命周期。如今它进化出了更复杂的版本——主观预期效用（subjective expected utility）理论。这种理论是说，我们对世界上各种结果都有一个预期概率和期望实现的价值，若我们都是理性的人，就会尽量让两种数值提高，这就是主观预期效用最大化。

那么，这种理论是如何运转的呢？这样说吧，假如有一件很坏的事，我们有办法避免它的发生，而且不必耗费什么精力，这时我们就该采取行动。你不想世界毁灭，只要动动手指去做。动手指又没什么大不了的，那就动一下呗！

假如我们想吃橙子，面前有两个按钮，按其中一个可以得到一个橙子，按另一个可以得到两个，按两个按钮需要的力气是一样的，所有条件都是一样的，那我们当然会按第二个。除非做第一个选择不是按按钮，而是用别的方式。那么，再回到圣诞老人的问题上，你会说：既然我们已经长大了，就不该再相信圣诞老人了。你的行为是由信仰推动的，比如你非要把圣诞袜挂起来，这也不会给你带来什么好处。换句话说，这样做是无效的。相信圣诞老人这件事对实际生活毫无帮助，这正好能对应前面"他们不是蒙人就是发疯"的理论。不是说这件事在认知判断上有什么问题，而是说它在生活中毫无用处。

那么实践理性主义就应该是我们生活的准则吗？那些广为流传的圣诞传说可不是这么说的。

就拿欧·亨利的短篇小说《麦琪的礼物》来说，小说讲述了一对新婚夫妇，女士最宝贝她的一头秀发，而男士最在乎的是他那块好看的怀表。小两口很穷，都想送对方圣诞礼物。就在圣诞节的清晨，丈夫把礼物送给了妻子，一套昂贵精致的梳子。妻子问他哪儿来的钱，他说自己卖掉了怀表。之后妻子也拿出了礼物，那是一条配怀表的链子。丈夫也问她哪儿来的钱，她说卖掉了自己的长发。

这种感情是不是很温暖？我个人觉得是，我也想成为欧·亨利笔下的爱侣。仔细想想，一个失去头发的人得到了一套梳子，一个卖掉怀表的人得到了一条表链，他们都没得到自己想要的东西。如果他们更理性一点儿，结果就会更好吗？好吧，假设他们非常理性，就会问清楚对方想要什么，然后用共同财产一起去买。当然互相给钱也行。还有个更好的主意——既然有钱，自己给自己花钱买东西就好了嘛！从理性角度而言，我给我妻子送什么礼物最好呢？当然是把钱省着给自己买点儿东西，然后叫她把钱用来给自己买东西。但这样一来，根本就没有礼物这回事了！这只能叫购买。你可以去看看最好的礼物是什么，是惊喜！是我们明明没有伸手去要就有所获得，是令我们彼此的关系更加牢固，这比我们自己的需求重要得多，而这些都是用实践理性主义无法解释的。

我们仔细观察一下圣诞节吧，似乎整个节日的意义就是在提醒我们要远离实践理性主义。首先，我们有圣人耶稣。根据《圣经》的描述，他是上帝赐予人间的礼物，从实践理性主义的角度来看，他已经与上帝分离了。之后他做了自我牺牲，从实践理性主义的角度来看，他与耶稣其人也分离了。(抱歉我不是基督徒，请原谅我这种愚笨的表达方式。)18世纪开始，情况有了些变化。

《圣诞颂歌》[1]里的埃比尼泽·斯克鲁奇认为，对穷人施舍钱财是错的，只有死亡才是理性的选择，给钱就是鼓励他们错误地生活下去。故事里的三个圣诞鬼魂教给主人公一个道理：严格按照实践理性去生活是非常痛苦的，你的人生会被物质榨干，最终沦为金钱的奴隶。耶稣基督如此教导我们：因为失去，所以获得。斯克鲁奇这才意识到，快乐生活的最佳方式，就是不要去想怎样生活才会快乐。《麦琪的礼物》中的小两口，意识到最好的礼物并不是他们原本想要的，他们都没有遵照实践理性主义去生活。

在讨论理论逻辑学时我们就说过，在关注某一件事的时候，我们会在脑海里争执不下，而这种争执是不能通过逻辑解决的，逻辑只能帮我们把问题抛出来。在以理性审视这个问题的时候，我们就顺便扔掉了许多隐藏的有用信息，这些信息都是非理性的，例如我们的身体、想象力和情感。

那只是一些故事罢了，故事只会影响想象力和情感。作为冷酷的理性主义者，我们的任务就是要忽视它们，就像我们要无视广告。广告都是在给我们讲同一个故事，你只要选对了香体喷雾就会有一堆美女拥上来。凡是经常读《幽默杂志》（Mad）的人都知道，我们要抵制广告的影响。如果实践理性主义真的靠谱，我们就沿着这条路走下去好了。但就像逻辑陷入悖论的怪圈一样，实践理性主义也遇到了同样的问题。

1　查尔斯·狄更斯1843年创作的小说。——译者注

美国心理学家纽科姆（Theodore Newcomb）就提出过这样一个悖论，20世纪60年代由来自布鲁克林的罗伯特·诺齐克发扬光大。假设有一个富有的脾气古怪的精神病学家，我们叫他钱博士好了，他邀请你到实验室或他的别墅参加一项可能有丰厚报酬的精神病学实验。头一天，钱博士给你做了一系列精确的精神病学测试，包括调查问卷、脑部扫描等。第二天，他把你带到一间屋子里，里面有两个完全一样的密封箱子。进屋之前你必须做出选择：你可以打开一个箱子，也可以两个都打开。钱博士前一天晚上会想好在箱子里放什么。这时无论你怎么说，箱子里的东西都不会变。两个箱子里都有钱，箱子打开后里面的东西就是你的。

你的做法也很简单，直接把两个都打开，把钱都拿走就行了。但是，这里就出现了一个悖论。

钱博士在昨天，也就是第一天对你做了一些测试，他从结果预测出第二天你会开一个还是两个箱子，测试结果是百分之百准确的。根据结果，钱博士调整了实验：如果结果显示你将会打开两个箱子，他就会在每个箱子里各放10美元。如果你只会随机打开一个箱子，他就会在其中一个里放上1万亿美元，另一个什么也不放。

怎么办呢？这种买彩票似的问题，我们既要看奖金额度，也要看获奖概率。有1/2概率赢10美元值不值呢？每押一次就值5美元。要是有1/10的概率赢100美元值不值呢？那每押一次就值

10美元咯。那么，你有1/2的概率赢1万亿美元呢？每押一次那可是5000亿啊，可以请全爱尔兰人民喝啤酒喝250年啊！这可比开两个箱子拿走20块赚多了。箱子里真的放着钱，就是昨天放进去的，无论第二天你做什么，这个事实都不会改变。以下两种思路似乎都成立：

1. 只开一个箱子。一旦你这样承认，说明你确实是只会开一个箱子的人。你也明白，钱博士昨天就知道你是哪种人了。既然你只打算开一个，那么这次选择就价值5000亿美元。

2. 两个箱子都开。反正东西已经在里边了，你做什么都不会改变这个事实。既然它已经在里面了，自然要做最优选择，两个箱子装的东西总比一个多。

根据你的选择出现了两种可行的处理方法。那些相信自由意志的人，会选第二种方法；而那些笃信宿命的人，则会选择第一种方法。

面对这样的选择，我们又要举棋不定了。

当我们讨论逻辑的时候，就遇到了悖论问题，对于一个问题出现了两种互相矛盾的观点。而我们在讨论纽科姆悖论时也遇到了问题，针对一个解决方法出现了两种矛盾的观点。

根据这种思路，我们还能发现更多悖论：

假如你每次减肥都会减掉原计划一半的体重，比如你想减掉10斤，你应该计划减掉多少？在这个悖论里，我们会在以下这两者之间摇摆：

1. 20斤。你也知道自己只能做到一半，所以你应该设两倍的目标。

2. 10斤。你本来不就是想减掉10斤吗！

还有一种类似情况，是关于自败（self-defeating）预言和自证（self-fulfilling）预言的。有些人会花大把的钱雇人给自己打鸡血："你能做到！"为什么呢？因为如果你相信自己能做到，就真的可能做到。假如你开始攒钱，想请一位励志演说家周末上门演讲，以下哪条是正确的呢？

1. 你要坚信自己攒得下钱，因为一旦钱攒够了，你就能请到励志演说家。

2. 你要坚信自己攒不下钱，因为一旦你坚信自己攒得下钱，你就不想请演说家了，你会觉得自己根本不需要他。

3. 你要坚信自己攒得下钱，因为一旦钱攒够了，你才会发现根本不需要他，你自己就能打鸡血了。

真难办啊！实践理性主义是不是错的呢？这个嘛，这都是些不常见的例子，没准儿确实有问题。平日里我们可以按照实践理性主义去生活，大不了躲着那些有问题的部分嘛。

也行，但是要躲开哪些问题呢？

一是与礼物相关的问题。我们之前讨论《麦琪的礼物》时就提到，礼物如果仅仅是一方将某种财产转移给另一方，那就叫付账了。那么，难点在哪儿呢？难点在我们该如何思考这件事。假如我们盘算着送一件不合适的礼物给对方，那就真变成一份糟糕的礼物了，而心意才是重要的。但如果我们一边逛商场一边想"买什么其实都无所谓，只要我有这份儿心意就好了"，那也不对。好像怎么想都不对！只有不刻意尝试，我们才能成为改过自新的斯克鲁奇，成为《麦琪的礼物》中的小夫妻，成为圣人。当我们以理性来思考送礼问题，就会陷入左右为难的境地，因为我们既不能去想这个问题，也不能去想"去想这个问题"。

真烦人，我老拿这些东西来烦你，我该向你道歉了！说到这儿，道歉也是实践理性主义必须躲开的一个问题。如果我砸了你的脚指头，跟你道了歉，你也原谅了我，这是好事一桩。假如我自己琢磨："我想砸你的脚指头，反正完了跟你道歉就好了嘛，你也会原谅我的。"然后再去实践，那整件事就变味儿了，因为我既想砸你的脚，又不想道歉。假如我知道你是个大度的人，永远都会原谅别人呢？我只能尽量把这事儿忘掉，这样才不算占你的便宜。否则，如果有人非逼着我去砸别人的脚指头，那我肯定会去砸你的，而不是砸你那个很凶的大哥，这对你根本不公平啊！

推导太多道歉的可能性，只会让我失去对人宽容的能力。如果只顾自己方便，整天都琢磨谁会原谅我、谁不会原谅我，其实也是在伤害自己。

这一悖论在两军休战时也一样存在。无论目的是真是假，我都愿意放下手中的枪。如果对方确实表现出了诚意，那么作为回应，我也会放下自己的武器。假如我觉得你展现善意只是为了背后算计我，等我放下枪再打死我，那么即使我们双方再怎么期望和平，我也肯定不会放下枪了。

送礼物是件很难搞的事，道歉也是件很难搞的事，对生活持开放心态同样是件很难搞的事。我在好莱坞工作，经常能看到这

种转变过程：一开始有个心态开放、敏感、真诚且富有创造力的人，打算以歌唱、演讲或讲故事等方式来谋生，并且搬来了洛杉矶。然后他遇到了50个人，又是受骗，又是被敲竹杠，此时这个人就有了戒心。但是你不太可能既有创造力，又带着戒心跟人合作。要当一名艺术家，最起码应该心态开放又敏感。这就是为什么人们应该跟自己的老朋友或者我本人合作，我可是个好人哪。如果做不到这一点却又想充满创造力，显得纯真、没有戒心，那是不太可能了。这不是能刻意做的事，那样就一点儿都不纯了。

还有一种很让人左右为难的事就是情绪。我愿意去体会、表达自己真实的感受，原因有很多——这样做能让我同他人建立联系，这样做感觉很好，这样做有益身心健康。但我会算计着表达真实的情绪。从定义上看，真情实感是不带算计、不能伪装的。我翻开健康杂志，上面写着"每天捧腹大笑三次有助身体健康"。我坐下来，试着让自己笑出来，但没成功。我太认真了，实在没法算计着让自己笑出来啊！单纯靠算计的人生不会有欢声笑语，也不会有宽容的泪水，这样的人生根本了无生趣。

有一种关于愤怒的理论很有趣，说愤怒之所以进化成今天的样子，是因为它能帮我们脱离以下这种理性思考的困境。比方说我被一个壮汉欺负了，没什么特别的理由，姑且叫他吉米[1]好了。假设我们都是理性的人，双方就都会明白吉米根本没必要怕我。

---

1 《生活大爆炸》里高中时欺负莱纳德的恶霸也叫吉米。——译者注

吉米也知道我明白他比我更强壮，真打起来我基本会挨揍。所以从理性角度来看，我是不会去挑事儿的。但假如他这种恶霸知道我永远不会起身反抗那就完了，我永远都别想吃上午饭了。如果我气炸了，不再畏畏缩缩，直接上去揍他，管他呢，这样他就知道我也不好惹，就会更加收敛，不会再像对高度理性的书呆子那样欺负我了。但在这类情况下，我的愤怒必须是真实的。要是被他知道我是在故意表现愤怒来吓唬他（没准儿是他瞧见我正在读一篇关于愤怒进化史的生物学论文，而且旁边还得有人给他解释文章大意），那他直接就会连人带书把我扔进垃圾桶了。我依然是那个经常挨揍的书呆子，而且是个学会愤怒理论还挨揍的书呆子。我必须真的生气，而不应该因为生气有好处才去生气。

　　和情感类似的还有承诺。情感能让我们更加外放，从而与其他人或群体建立情感关系，被情绪龙卷风裹挟着前进也是一种奇妙的经历。但这可不是希尔顿酒店里的自助餐啊，你不可能自己决定盘子里是培根还是煎鸡蛋，因为情感与承诺都不是能计划出来的东西。否则，我承诺的对象恐怕会十分恐慌：在当前情况下我能承诺，假如换个情况我又会收回承诺吗？比起承诺来说，情境和想法更容易变化。即便承诺本身是一件值得深思的事，我也不应该去深思，否则它就不是承诺了，而是成了谎言，这才是最糟的！这就像在写一封言不由衷的情书，糟透了。

这又勾起了我们关于生活的开放度和创造性的讨论。创造性其实就是一种对自己的承诺，这是我根据自己的观点和经历提出的看法。如果我们一直重复之前的工作，那就谈不上创造性，不过是在剽窃过去的自己罢了。这样一来，如果我们盘算着走哪一步才算有创意，算计着在作品的哪里添一笔、哪里减一块更新颖，也就不再是有创意的了。我不光想在编剧这份工作中表现出创意，我还想让自己的生活更新鲜、更有创意、更自然。但我后来又想："还是顺其自然吧。"可这样一想，我又变得没那么顺其自然了。

还有一种会让人左右为难的东西，那就是信仰。比方说，由于厌倦了这个毫无意义的（或是不公正的、全是二货的）宇宙，我想信仰上帝（或是充满正义的社会，或人类能进化到十全十美）。我甚至还相信，如果我有了信仰，就不会再时不时质疑自己的行为，就能移山，能做出一些神迹。如果我是为了自己的利益，而不是因为上帝存在才去信仰上帝，那我就不会信仰上帝。必须因为上帝存在，我才会信仰上帝。

生活中，我们是通过不断累积成长起来的。我的木工活儿做得不错，能做出一个书架，慢慢地又做出一把椅子。但之后，成长突然来了个180度大转弯，木工是做得不错了，但我突然意识到这些技能仅仅是一片虚无，我应该去埃塞俄比亚救济难民。

小时候我们就计划好了该怎么过生活，但是"嘭"的一声，一个青春期砸过来，以往重要的事都不再重要了。结婚后，我们刚规划好了怎么过二人生活，又"嘭"的一声，一个孩子砸了过来，所有的事都不对劲儿了。我们本来好好地研究着牛顿物理学，"嘭"的一声，爱因斯坦又来了，就像托马斯·库恩（Thomas Kuhn）[1]说的那样，他"彻底颠覆了主导范式"（subverted the dominant paradigm）。这句话还曾被印在T恤上，风靡一时。我本来在屋里好好地玩着娃娃，突然"嘭"的一声，你冒出来，轰我出门，非跟我说这才叫自由。

无论是度假疗养、教育还是范式转变，都无法保证带给我们想要的东西，而只会让我们转变观念，更改我们心里事物的优先顺序。我们可能已经做好了计划，但最终计划永远赶不上变化。其实我们是在跟自己玩偷梁换柱，说好只是微调一下，实际上却从头到尾都变了。这一点只有经历过变革的人蓦然回首，才能理解其中的意味。

情欲也是一个极好的例子。试想一下，假设有两个理性的人，一个叫里奇·罗森斯托克，一个叫安娜·科洛科娃。他们是同事，里奇是安装新邮件系统的临时工，安娜是人力资源副总监助理。里奇和安娜彼此吸引，都想发生点儿什么。想象一下，他们在复印室里擦肩而过。这可是个关键时刻，从这一刻起，他们

---

1 美国科学史家、科学哲学家，在哲学研究中引入"范式"的概念，即范式是一种公认的模型或模式。——译者注

能跨越同事关系向前踏出一步。但是再想想，假如他们在这时琢磨着："能在这会儿做些撩人的动作就好了。这种在复印室四目相对的情形，最适合办公室恋情了。"要是他们真这样想，那就完了，因为一点儿都不撩人！这并不是我们文化中的特例。某个场景之所以撩拨心弦，部分就在于它能让人敞开胸怀，拥抱未知。假如你觉得在复印机前擦肩而过是一种暧昧，那就去接近人家好了！你们之间朦胧的关系反而会变得粗俗、刻板。暧昧的双方都喜欢这种似是而非，然后逐渐相互吸引。越是纠结"我们这样到底算什么？我这样算性感吗？这样呢？这样呢？"，越没有更进一步的可能。

孩子般的天真十分可贵，很甜美，很真实，几乎能让你笑出声来。但假如一个成年人来装纯，只会让人觉得毛骨悚然，看一眼都想吐。

众所皆知，生活中最美好的时刻就是全身心地被某件事吸引，连手机都忘了看。如果我们在某一刻全情投入，全神贯注地关心某件事，焦虑就会主动退去。全情投入是件很美好的事情，但很显然，如果一直想着"我真喜欢这场球赛""这样全情投入也挺好"，就不算真的全心全意了，至少我们想的是两件事。

所以说，如果你不想看上去很傻，按照实践理性主义去生活就行了。但是，这样你就会失去创造力、情欲、信仰、热情，失去给予和获得宽恕的机会，失去投身于超越自我的更宏大事业的机会，失去顺其自然、全心全意的生活方式，失去人生无悔走一遭的感受。不过，这样也无所谓，起码你不会看上去很傻。

3

最明智的行为就是让自己变傻吗？

问题貌似还没有解决，就像衔尾蛇[1]咬住自己的尾巴消失了，逻辑一直在不停兜圈子，理性选择也有它自身的问题。根据这种理论，我们一生都要小心翼翼地做决定，这可不是什么好主意。这种主观的理论既没有描述清楚，又没有严格定义。也就是说，它既没能准确描述成功者是如何成功的，又没能给渴望成功的人提出什么有用的建议。

实践理性主义悖论与逻辑悖论有些相似。比如，我跟你说"这句话是假的"，你的脑子就会转个不停，要琢磨这句话的真假；或者别人跟你说"获得快乐的唯一办法就是不要刻意为之"，你的脑子也会转个不停，琢磨到底能不能刻意让自己快乐，最起码也会掂量一下这种"不刻意"到底管不管用。塔斯基和罗素曾

1　不知你是否读过 E.R. 埃迪森的《乌洛波洛斯之虫》？若你喜欢这类硬奇幻小说或对衔尾蛇感兴趣，可以一读。

试图用划分思维来解决这个悖论。同样，理性主义者也试图通过解释概念来达到解决悖论的目的，而有时不遵守理性规则的恰恰是理性本身。举个例子，经济学家乔恩·埃斯特尔（Jon Elster）提出了"内在附加利益"（intrinsic side benefit）的概念。他说，假如你失眠了又很想睡觉，刻意去睡是肯定睡不着的，还会一直醒着。但如果你将睡着看成一种附带利益，数数羊什么的，反而会很快入眠。其实你并不想知道到底羊有多少只，但你还是得去数，这样你才能在数数的同时顺带产生睡意。

那理性主义者如何看待非理性观点呢？跟那些采用罗素或塔斯基的逻辑理论解决悖论的人如出一辙。塔斯基必须站在理解"这句话是假的"的基础之上才能总结出规避它的方法，对理性主义者而言，他们也需要以一种自然方式去理解自发性，这样才能在不刻意的状态下，刻意地将自发性当作一种内在附带利益去理解。为做到这一点，我不能刻意而为。如果不刻意才能成功，还要时常查看自己走到了什么阶段。我要时不时地看看，自己离真正的"自发性"还有多远，有没有进步，然后再做些调整。这时我整个人就分裂成两半了：一半要求自己别刻意去追求自发性；另一半还得把前一半的内容忘掉，才能找到完全自发的状态。

在社会层面上，理性主义的不理性之处同样会造成分裂。

很多事情都是这样：作为团体成员，我们都想要好的东西；

作为个体，如果每个人都觉得某样东西是自己应得的，最后就没人能得到它。我举个关于分享的例子吧，"公地悲剧"是18世纪英国社会中的一种逻辑悖论。当时英国农民都喜欢在公地（the commons）上放牧，这就是无主的大草场，随便谁都可以在这儿放养自家的牲畜。这时每个人都在想：如果我能从公地上划一小块到自家农场里，那我的私有财产不就更多了吗？可问题是每个人都这么想，不久后就再也没有公地了，人人都觉得自己的生活更加不方便了。就像那些追求顺其自然而不可得的人一样，农民们都很"理性"，结果却是没一个人占到便宜。

那这个问题要怎么解决呢？一种办法是，从善意的角度玩些小手段。你可以跟朋友组建一个小小的聪明哲学家团体，去散播谣言，说公地由一种"公地精灵"在管理。你看不见它，它骑着魔法耗子飞来飞去，头戴一顶山楂果王冠。它只负责一件事：假如谁想从公地上划走一块，它就会让他患上恐怖的眼球癌。

那些曾经自顾自跑来公地上圈地的农民估计都再也不敢来了，他们都害怕公地精灵。当人们相信了这则编造的谎言之后，人人都获得了益处。

虽然现在并没有这样的公地悲剧，但我们在19世纪却遭遇了另一个社会环境问题，原本自然而然、相互谦让的人际关系网，被理性而露骨的新秩序打破了。不仅保守主义者对此感到恐惧，像卡尔·马克思这样的非保守主义者也在《共产党宣

言》中指出，资本主义将温情脉脉的人际关系全部撕碎，将其变成了纯粹的金钱关系。19世纪的纽约出现了一群聪明人，他们希望能用"公地精灵"这类传说人物对抗当时赤裸裸且商业化的社会风气。就像历史学家斯蒂芬·尼森鲍姆（Stephen Nissenbaum）在《圣诞之战》（*The Battle for Christmas*）中所说，一群富有的荷兰裔纽约人，包括华盛顿·欧文以及写了《圣诞前夜》的克莱门特·摩尔共同发起了这场运动。他们担心有人情味儿的纽约会变得繁荣而冷漠，为此造出了"圣诞老人"的概念。虽然没有像"公地精灵"那样连打扮都一并编造出来，但他们挖掘了北欧神话，糅合了奇斯·克林格（Kriss

Kringle）[1]和可内希特·鲁普雷希特（Knecht Ruprecht）[2]等人物的形象。当时穷学生们一般会在圣诞节时热热闹闹地拥到富人家里放声高歌，要不到食物、啤酒和零花钱绝不离开。作家们也将这些事加进了圣诞老人的故事，再把焦点对准家庭，这才诞生了如今的圣诞老人。

无论尼森鲍姆的说法是不是真的，我们都可以问问自己喜不喜欢这样的文化习俗。

让我们瞧瞧圣诞神话里都有些什么，又能怎样帮我们克服理性主义的弊端。

圣诞老人年纪很大，对衰老的恐惧是家庭生活的核心元素，这点体现在两代人之间。孩子小时候需要家长的庇护，家长上了年纪需要孩子的照顾。如果我们听说谁家虐待老人，都会觉得很难受。我们可以这样理解：孩子在很小、很脆弱的时候需要我们的照顾，当我们年老体衰之后，孩子也会来照顾我们。虽然圣诞老人是个老爷爷，却奇迹般地很强壮。这种强壮让我们对长寿充满了信心，把我们对年老和死亡的恐惧一扫而光，家庭生活也就可以继续。我们的祖先以务农为生，而冬至是一年中白昼最短的日子。我们入冬后还剩多少食物关系到生死存亡。虽然今天我们

---

1 奇斯·克林格，圣诞精灵，圣诞老人在北欧的另一种称呼。——译者注

2 可内希特·鲁普雷希特，圣诞老人的原型之一，17世纪德国民间传说人物，圣人尼古拉斯的仆人。他一般身穿黑棕色长袍，拄着拐杖，骑着白马，背着破布袋子，见到不听话的孩子会送他垃圾，见到好孩子会送各种礼物。——译者注

没有这种顾虑了，但季节性的情感障碍依然保留下来，而深夜中赶来的圣诞老人无疑为我们带来了希望。

他来时总带着很多礼物。前面也说了，送礼物这个问题在主观预期效用理论里面非常棘手。我买个东西送给自己，这不叫礼物。如果你事先问我想要什么，再给我买，这也不叫礼物。如果我为了报答你才送你份礼物，这更不叫礼物。要是我为了巩固关系送你份礼物，还是不叫礼物——对，这叫收买。如果我们坚信礼物是圣诞老人送来的，就不必再担心送个礼物会引起理论坍塌，也不必担心未来的生活就是先告诉对方自己要什么，再叫他去网购。圣诞老人为送礼物蒙上了一层神秘的面纱，使这件事能在实践理性主义的严密监控下逃脱。

如果圣诞老人的存在是个善意的谎言，我们宁愿为这个故事多设几层保护，以免人们想得太深。就像睡觉前数羊一样，只要你不去深究，圣诞老人就会让你自发地变得慷慨，让家庭变得温馨和睦。他有一些非常不合常理的行为挑战着我们对时间和空间的基本认知，比如他那群会飞的驯鹿，比如一个晚上每家每户都能照顾到，这些都在提醒我们得让理性思维闪到一边去。我们自然不会说"别去琢磨圣诞老人的问题"，这明显是在告诉自己有什么不对劲。我们只会暗示自己，圣诞老人只会在深夜你睡着之后才来。只有在理性思维沉睡、负责思考的前额叶皮层休息后，圣诞老人才会从温暖的烟囱里爬进来，来到我们的家中，来到我们家庭生活的核心。我们给他留下牛奶和曲奇饼干，这是孩子眼中最好的东西，而他则把礼物留下来。

假设理性真的有所局限，假设相信圣诞老人是保护我们珍视的非理性选择的最佳办法，下面哪种说法最符合现实？

1. 圣诞老人不存在，但我们应该相信他存在。

2. 圣诞老人就是存在的。

这是个很麻烦的问题，但似乎能把我们带离最初的"蒙人"和"发疯"那两种模型。

想象我们有一顶思维控制头盔，能随心所欲地控制所有人的思维。这是一种远程控制大脑的装置，它会派出一群纳米机器人，它们进入大脑后会找到信仰，然后"咔咔咔"换上更好的信仰。这时我开始说服你，主观预期效用理论如何不好，会让你失去纯真、信念、慷慨、浪漫的品质，协作的能力……又向你推销了相信圣诞老人的诸多好处。最后，你戴上了头盔，让世上所有人都相信圣诞老人是存在的。当平安夜来临，除你以外，所有人都在翘首期盼圣诞老人的到来，这时你要怎么办？

你会对自己用这个头盔吗？要是你不用，在圣诞节早晨就会有种局外人的感觉。但假如你用了，无疑是一种智力上的自戕。假如你不用，你就成了地球上唯一不信圣诞老人的人。再想象一

下，今晚是平安夜，有个朋友来找你玩。

朋友：嗨，苦着脸干啥呢？

你：没干啥。

朋友：圣诞老人要来了，高兴不？

你：（撒谎）当然了。

朋友：得了吧，你根本不高兴。

你：我当然高兴啦！啦啦啦！圣诞老人要来我可高兴啦！过圣诞节可开心啦！

朋友：我知道你不相信圣诞老人。你和以前那些反圣诞老人分子一样，觉得礼物就是我们自己买来交换的。

你：我吗？没有啊。

朋友：你就是这么想的。你觉得我们都被电波控制了大脑，礼物其实都是我们自己买的。我都知道，因为我拦截了你的电子邮件。你觉得其他人都相信圣诞老人，是因为大家都被你洗了脑。

你：……好吧，我确实是这么想的，因为我真的这么干了！别跟别人说，我不想动摇大家的信念。我这么做也是为了你们好，别冲我发火！

朋友：放心吧，我啥也不说，因为我不信。

你：啥叫你不信？是我造的头盔！就在我床底下呢！我拿给你看！

朋友：我知道，但我还是相信圣诞老人存在。

你惊讶地看着他，手里一直把玩的圣诞装饰滑落，掉在地上摔成了碎片。

你：怎么会？

朋友：其实我们所有人都患了一种名为过度理性的疾病。可能就是从工业革命那会儿起吧，我们的生活变得越来越辛苦，每天都得想好多事。这种病的一个症状就是，拒绝相信一些正确的信念，圣诞老人就是其中之一。你的头盔就是解药。

你：（越来越生气）不，不是这样的。头盔是我造的，我知道它是个什么东西。它就是给大家洗脑的，让你们都相信有圣诞老人。你们都被洗脑了，是我把你给洗脑了。

朋友：我知道你会这样想，但其实你就是个瞎子，造了一台机器来治愈别的瞎子。因为你也瞎了，没法理解自己的发明会带来多么美好、积极的影响。但如果你自己也用一下，马上就能理解我在说什么了！真的，我来帮你。

你：不要！不要！不要！

你们扭打着摔倒在地，撞倒了圣诞树。孩子们听到骚动，跑了进来。

孩子：圣诞老人！圣诞老人来了！

（谢幕）

如何判断孰是孰非呢？脑科学能帮得了你吗？帮不了。头盔的工作原理是让脑内负责想象的一束神经元跑到分管理性的那一半脑子里去（正规的说法是：我们有种叫大脑皮层的东西，主要负责对更深层、更古老的情绪反应起缓冲作用，比如下丘脑、扣带回和海马体）。但它无法告诉你圣诞老人存不存在，也无法告诉你相信圣诞老人到底好不好。它只能告诉你，以前你脑子里有两块互不相容的东西，现在它们相容了。

看来必须戴上头盔，让自己相信圣诞老人存在了？

换你你会吗？

如果相信圣诞老人存在，就代表他一定存在吗？

乍一看，存在。如果每个人都相信某种事物是存在的，那它就是存在的。就拿地心引力来说，如果你想了解世界是如何运转的，就得相信地心引力是存在的。这样一来，地心引力就存在了。

但正如圣托马斯所说的 sed contra（换个角度看），如果是以下这种情况呢？——在宇宙中，一旦生命体发现自己生活在一颗星球上，就会因核武器的发展而毁灭。（希望这不是真的，千万别被我的书吓着，我就是假设一下。）在数万亿的智慧生物中，有10亿人刚发现自己活在一个星球上，接着他们就被灭了。而其他人发现，这种信仰真了不得，信了就得死啊！但这事竟然是真的，对吧？对我们来说，即便知道这种事不堪设想，这句话也得说出来，也就是说，我们得承认这事是真的啊！这么说来，即便相信圣诞老人是一件好事，也不能说明他就真的存在。那到底我们应该怎么想呢？我们可以相信他存在，但他其实不存在？还是我们不该相信，然后他也不存在？一部分的我相信他是真的，另一部分却不相信？那么哪部分的我负责相信呢？

我又开始琢磨了，假如社会是由善良的阴谋家和得到实惠的老百姓组成的，这样能行吗？阴谋家怎样把这些手段传给后代呢？如果这些手段管用，又怎样保证一直能带来实惠呢？如果手段不是一直管用，人们迟早会发现"公地精灵"并不存在，是否又会产生"公地悲剧"呢?[1]假如人们加倍供奉"公地精灵",把农场都拆了修庙呢?假如维护庙宇很花钱,大大超过了私自圈地的成本,怎么防止这种事发生呢?一旦你把大家都弄疯了,谁知又会变成什么样呢?

换个角度,如果这些手段起了作用,要如何保证阴谋家们能秉持公正,不会以权谋私呢?为了让社会正常运转,我们得找个有知识的人来对这些手段和阴谋家进行监督,但没人能掌握这样的知识。同样,一旦我知道自发性是一种内在附带利益之后,就再也不可能"自发"了。我不可能既掌握这种知识,又保持自发性。就是说,自发性是一种内在附带利益,但谁都不能知道这一点,对吗?

圣诞老人又怎么说呢?我们都觉得,最好能骗自己相信圣诞老人存在,那我们到底信了还是没信呢?从个人和全社会的角度来看,我们好像既信了又没信。这不就又回到原点了吗,看来逻辑这条路完全走不通。

是时候考虑一下用逻辑解决问题是否行得通了。也许说些自相矛盾的话、相信互相抵触的概念,都无法明确告诉我们是对还是错。上至远古的洞窟,下至身边的书店,都有这样一种超越文化的传统。它的拥护者认为,我们该接受这些自相矛盾,因为它们能传授给我们一些更深刻、更重要的东西。也就是说,现实是

---

1 也许历史就是这样循环的。

一种超逻辑的存在。人类的思维和语言不足以描述生活，生活完全可以既是且非。这种取代了逻辑的选项就是神秘主义。现在，我们就来看看，神秘主义是如何解释圣诞老人的。

先进一段印度弹拨乐。

MYSTICISM

第二部分　神秘主义

4

以手指月，指并非月

20世纪70年代，我在布鲁克林一座维多利亚式的老屋里度过了童年。这里平淡无奇，治安也还过得去。社区里还好，但糖果店门前的街上真的发生过谋杀案。我父亲在办公室门前挂着一块大牌子，上书"法律顾问"几个大字。曾有流浪汉破门而入偷走了复印机，所以父亲在屋外安装了铁门和电子眼。我母亲在当地的高中教生物，但那些学生只是想学些怎么造人的知识罢了。我的家人都不太擅长表达、交流情感，父母在我出生前有过一些痛苦的经历，要他们表达感情是有些困难。所以在餐桌上，大家基本都是在逻辑层面上交流，也就是我在上一部分提到的那些内容。此外还有一种交流方式，那就是神秘主义。

神秘主义是我从当地图书馆和嬉皮士嘴里了解到的。嬉皮士文化在20世纪60年代的美国风靡一时，到70年代依然数量可

观。[1]他们的人生哲学是——我们都受困于理性主义思想。为了冲破道德障碍，他们会去嗑药，绝大部分是大麻和致幻剂。当时我还太小，不能参加他们的聚会，但我从我保姆的男友那里听到了很多这类理论，有时候我们还会争论起来。

他会向理性主义发起挑战，通常我们就是这么吵起来的："为什么要让自己受制于思维和语言呢？不同的文化会催生不同的思想，你怎么知道自己想的就是对的呢？你必须走出这种保守

1　可追溯到19世纪德国的裸体主义者。

的理性主义思维，你要超越它。"当时我只有八岁，没一会儿这位嬉皮士就烦了，让我自个儿去看电视，他找保姆滚床单去了。

我觉得这位嬉皮士男友有些话说得很对，就去了当地图书馆（你会看到一个患有抽动秽语综合征的小孩坐在那儿，一边读书一边狂打嗝，每当你以为他就要停下了，他又会继续打个不停）。我借了一本哲学书，有几页是关于古印度圣典《奥义书》的内容，好像确实是我错了，他对了。《奥义书》认为，自我就是最终极的奥义，放之四海而无不准。

自我"不死不生，他不自何处来，也不到何处去，他像太古一样永恒，即使身体不存在了，他也不会消亡"。

（罗巴克，《羯陀奥义书》2:18）

要怎么做到这一点呢？光靠想肯定是不行的！

非净欲望骋，净念欲望屏。

解除惰，散心不动意坚定，若至超意念，时乃最高境。

（罗巴克，《弥勒奥义书》6:34）[1]

我读这本书的时候还是个孩子，当时觉得这些话特别炫酷。意念？永恒？这两样我最感兴趣了！人是会死的，这点我在很小的时候就知道了，真让人难过啊。晚上我会躺在床上，试着想象自己根本不存在。有时候我还真成功了，成功吓到了自己，但我突然意识到，这样做是没用的，我仍旧是以存在之躯去体验不存在的自己。所以，我还得想象自己压根儿都不在这里，这样我就把自己吓得更厉害了。后来，我又意识到这样也不能在意识上彻底自我消灭，起码还有个人确实坐在这儿呢。想到这里，我就钻到父母的房间去，缩在了床底下。

逻辑没能给我什么帮助，反而把事情搞得更乱了：什么逻辑原理能证明人死后依然存在呢？什么原理能用来解释并赋予万事万物以意义呢？我会死，每个人都会死，连宇宙都会消亡。那为什么每天还要起床？看来神秘主义挺靠谱的！上初中的时候我认

1　以上译文均引自《徐梵澄文集》第十五卷《五十奥义书》，三联书店，2006年2月。下同。——译者注

识了乔纳森·布莱恩，我在他家阁楼里的垫子上盘腿打坐，尝试寻找自我。后来我学了佛，在泰国的楚拉马尼寺做了一阵和尚，也幸会了游历世界、拥抱众人的大师，得到了他的祝福。我就是想去体验体验《奥义书》里的内容，想了解为什么保姆的嬉皮士男友对这些如此热衷。

在体验神秘主义的过程中，神秘主义者是怎样认知现实的呢？很难说，因为没法说。神秘主义者的内心是不可言说的。即便他们想表达，话一出口也是自相矛盾的。如果非要勉强表述出来，他们认知的现实就成了自相矛盾的。作为神秘主义者，我们并不否认自相矛盾，这点和逻辑可不一样。我们充分理解了现实中的自相矛盾现象。

《有知识的无知》，这本书名字就很自相矛盾，作者是哲学家库萨的尼古拉斯（Nicholas of Cusa）[1]。他认为，现实就是一种"对立的巧合"（coincidentia oppositorum）。《奥义书》里也有同样的观点：

彼动作兮彼休，

彼在远兮又迩；

彼居群有兮内中，

---

[1] 库萨的尼古拉斯（1401—1464），15世纪德国哲学家、神学家、法学家、天文学家。他是文艺复兴时期第一批人文主义拥护者。他著有许多关于神秘主义和精神方面的著作，他的哲学和政治思想影响欧洲逾五百年。

彼亦于群有分外止。

（罗巴克，《伊莎奥义书》5）

不仅现实是彼此矛盾的，认识现实的过程也是彼此矛盾的。

"此"非所思得，是有"此"思人。

思"此"而有得，其人不知"此"。

识者不知"此"，不识乃识"此"。

（罗巴克，《由谁奥义书》2:3）

《奥义书》的意思是说，那些理解的人其实并不理解，而那些不理解的人才是理解的。这太难理解了！可能如果我们不理解，反而就理解了！逻辑会对我们说，那些都是疯话，别管它，但谁说我们非得相信逻辑呢？若我们对数据感兴趣，可以对不同文化圈里的人进行追踪调查。当他们想要表达人生看法时，说出来的话都是自相矛盾的；但即便自相矛盾，你也可以说这些话都是真的。

在基督教神学体系中，阿雷奥帕古斯议事会成员[1]狄奥尼修斯（Dionysius the Areopagite）曾写道："丢掉一切感知到和理解到的东西，丢掉一切可以知觉和可以理解的事物，你将被提升到那在一

1　阿雷奥帕古斯是古代雅典最高法庭，议事会成员即最高法院法官。——译者注

切存在物之上的神圣幽暗者的光芒之中。"[1]这不是专门写给嬉皮士的，一些正统的天主教神学家也拥护这种消极理论。根据圣托马斯·阿奎那（Saint Thomas Aquinas）的观点，从严格的意义上讲，没有什么语言能完整描述上帝。他并不"好"，也不"存在"——之所以这样类比，是为了帮我们理解这些意念之上的东西。

看来，为了搞清这些东西，我们得去找个嗑了药的哲学家了。事实也确实如此，最精于神秘主义研究的哲学家是威廉·詹姆斯（William James），他的理论就建立在亲身经历之上。那时还没有摇头丸，所以他用的是笑气，他邻居家上高中的孩子们称之为"抽气"，因为这种气体可以从奶油罐里抽出来。詹姆斯认为致幻剂带来的神秘主义体验既抽象又妙不可言，你能从中得到一些领悟，又无法用言语表达。究竟何谓"用言语表达"呢？身为《无言歌》的作曲者，菲利克斯·门德尔松认为音乐的内涵就在于它无法用语言表达。语言太粗鄙了。但你也可以这样形容，它就是"门德尔松在《威尼斯船歌》中表达的那种感情"。詹姆斯认为"似曾相识"就是这样一种抽象却妙不可言的感受，突然间，你觉得眼前的场景在哪儿见过，一直模模糊糊，直到这一刻才有了确切的感受。这种经历无法用语言形容，但却能指引我们了解一些其他问题。

在回顾了自己的笑气之旅后，詹姆斯写道：

---

1 译文引自《神秘神学》,（伪）狄奥尼修斯著，包利民译，三联书店，1998。——译者注

此时我的心中已有了答案，迫切地想把感受到的东西表达出来。我们有一部分正常清醒的意识，称为理性意识，它只是一个特殊的种类。在沉重的幕帘之后，还藏有完全不同的潜在意识。虽然平日里感受不到，但若加之以一定的刺激，就会发现它们完整地存在于那里，也许哪天就有了用处。

詹姆斯认为自己嗨了之后的体验妙不可言，这说明我们的大脑对现实可以有多种不同的认知。

在回顾自己的经历后，我发现它们都指向了形而上学中的某一点，这一点的关键就是和解。似乎世上所有对我们造成麻烦、困扰的东西统统化为一体。不仅合到了一处，还融成了一个整体。这个新的整体不仅更好，还消化、吸收了它的对立面。我知道以普通逻辑的形式很难说得清，但姑且可以一试。

嬉皮士男友肯定会同意这个观点。

这段话讲了矛盾，但他究竟想说什么呢？矛盾的双方可能都为真吗？生活的本质可以既是一又是二吗？圣诞老人可能既存在又不存在吗？如果神秘主义者知道了一些没法说出来的事，我们又怎么知道那是什么呢？如果它妙不可言，为什么有些句子能描述它，而有些句子不能呢？

我的哥哥弗利皮是剧作家、银行职员，也是两个孩子的父亲。他在以前能赢的时候还和我玩摔跤、下棋，赢不了我后就再也不玩了。如果他是世界上最伟大的神秘主义者那可怎么办？他怎么跟我说呢？他说："我刚看了咱们全家去大峡谷的照片，你发到Facebook上了啊。"万一这就是他通晓一切后最好的表达方式呢？希望问题不在他不喜欢穿浴袍、胡子太长又剃了秃瓢这点上。问题在于这句话太浅显直白了，神秘主义不都应该很深奥吗？又或许问题出在"我刚看了照片"这句话一点儿都不神秘上。怎么才能"听起来神秘"呢？你在邮局柜台旁经常能看到一些印着字的小木片、小石块，上面的话都挺神秘的。比如"生活有无限可能，只待你发现"。如果你在木片上印"我刚看了咱们全家去大峡谷的照片，你发到Facebook上了啊"才没人会买，因为一听就不够神秘。"我刚看了照片"无法表达那些难以表达的事，"生活有无限可能"却能表达，顾客能察觉出这种不同，这不正说明神秘主义者无法表达的内容还是能被表达一点儿吗？在这个冷漠、高速而繁荣的时代，"能表达一点儿"不就等于"能表达出来"吗？有的人光靠这些就能卖口号赚钱了。何况，谁又想把自己的意思"完全表达"出来呢？你不想留点儿以后再说吗？尽管语言自有它的缺陷和局限，但它仍是我们日常交流最主要的工具，如果我们想看看神秘主义者说了什么，也只能通过语言。但是，要怎么去看呢？

5

圣诞修行

　　有时，神秘主义者会将语言比作"以手指月"。虽然有时他们会产生分歧，但意见也大同小异。佛教徒有时会称自己与印度教徒不同。印度教徒认为万物之源乃自我，佛教徒则认为自我是一种假象。但我认为佛教徒的这种观点并不准确，因为印度教徒所说的自我是一种无法言说的东西。它是"neti, neti"——这并不是我得了鼻炎，它在梵文中是"不是，不是"的意思。"这是思维吗？""这是身体吗？""这是时空吗？"答案统统都是："不是，不是。"印度教徒认为某件事不可说，将其称为"自我"。佛教徒也认为某件事不可说，称其为"非我"，也许这两种说法本质上是一样的。好吧，让我们划掉"也许"这个词好了。假如现实就是如此，那么两个现实必须合为一体，它们根本就是一回事。印度教徒可能是用大拇指指着月亮，佛教徒可能是用小拇指指着月亮，而密宗用的又是别的手指。

有些事不可说。秉承着这种观点，我曾在伯克利与伟大哲学家唐纳德·戴维森（Donald Davidson）起过争执。那是在20世纪90年代中期，戴维森的声望如日中天，无论在中国台北还是德国汉堡，全世界学生都如朝圣般为他大脑里的每一条沟回大书特书。戴维森用自己的一整套哲学理论诠释了慈善，但讽刺的是，他会对所有异议者大发雷霆，将哲学界的竞争对手统视为蠢蛋。慈善方法论再加上不屑一顾的生活态度，使他变成了一个很难对付的对手。戴维森曾跟随威拉德·冯·奥曼·蒯因（Willard Van Orman Quine）教授学习，并提出：在对现实的认知上我们不会出现太大的差别，但"对现实的认知"这一概念从根本上是讲不通的。想要了解一个人，只要对方能说话，我们就要解读他说的话，为解读他说的话，我们就要相信这些话和现实是相关的——它可以是某种物体，可以是水，可以是盐，可以是胡椒，等等。对此我很沮丧，这样一来，神秘主义的解释就行不通了。他们这种说法是有针对性的：戴维森和蒯因对于"内心之光"[1]和阿尔弗雷德·怀特海（Alfred North Whitehead），也就是罗素那篇神秘主义论文的合著者嗤之以鼻。（在听完怀特海的演讲后，蒯因说："今有怀特海和玛丽·艾迪[2]，古有耶稣

1　内心之光，基督教贵格会教徒等认为的上帝在人灵魂中产生的指引力量。——译者注

2　玛丽·艾迪（1821—1910），美国女科学家、神学家，"基督教科学"的发现者和创始人。——译者注

基督。"）

在《论概念架构这一观念》一文中，戴维森碾压了本杰明·沃尔夫（Benjamin Whorf）的那些理论和他的声誉。沃尔夫既是工程师，又是业余语言学家，他致力于研究霍皮人[1]。研究表明，这些原住民没有西方人的时间观念。沃尔夫的研究促使嬉皮士对霍皮人产生了浓厚的兴趣。但蒯因和戴维森的理论基础表明，我们要去倾听霍皮人的语言，并适时插入时态结构。假如霍皮人能用一个词描述昨天的事，又能用别的词形容明天的事，那他们就有时间观念。

我表哥哈利就是个嬉皮士，也是语言学家。我向他求助，希望他能站在我这边反驳戴维森，但他拒绝了。他觉得戴维森说得对！失去了他的精神支持，我必须耗费整个研究生阶段去跟戴维森的理论做斗争。出于自傲，我还特意选择戴维森当我的论文答辩委员会成员。他虽然看上去挺生气，但还是让我过了，估计是急着去吃饭。我觉得自己必须迈过戴维森这道坎儿，因为我已经把希望、幸福还有来世全都寄托在这件事上了。要是戴维森是对的，我该拿什么来抹平童年那段古怪、糟糕的生活经历呢？我还怎么再去找印第安萨满或黑发飘飘的神秘女子来为我找到生活的真谛呢？这太让人难以接受了！

戴维森在纽约市立大学皇后学院教授语言哲学，我希望神秘

1　霍皮人（Hopi）是生活在美国亚利桑纳州东北部的一支印第安人。——译者注

主义者不是因为挂了这门课才变得颠三倒四、头脑不清的。到底有什么法子能把意思表达出来呢？佛陀偶尔会这样让你觉得，他能说，但不想说，因为他觉得这些事都无关紧要。在《中阿含经》和《箭喻经》中，他讲了痛苦的缘起和消灭。他有一位座下弟子，总是问一些"世间存在"之类的问题，佛陀就拿他和一个身中毒箭的人作比，此人在拔箭之前，非要问清楚箭尾上的羽毛是什么颜色。这个譬喻确实有点儿怪。首先，虽然我们生来皆苦，但也不必如此着急，毕竟时间也是空。佛陀完全能用十几分钟解答一下宇宙的奥秘，再讲讲如何避苦。其次，苦在某种意义上就是我们的一种错误认知，去除毒箭就代表知识有所障蔽，要用正见真知替换。佛陀确实指出了很多错误、幼稚的观点，告诉我们这样想会惹麻烦，那样想也会惹麻烦，但他从没告诉过我们怎么想才是正确的。他所做的就是对我们所思所想的内容进行全面否定，告诉我们这一切都是错的。《巴利文大藏经》精确记录了佛陀的一言一行，里面有这样一段对话。一个弟子请教佛陀，若已摆脱颠倒梦想，进入极乐世界后会发生什么。

（华加：）"世尊，修行者修炼得道后，（死后）会在何处重生呢？"

（佛陀：）"华加，并非'重生'。"

"世尊，这是说他并不会重生？"

"华加，并非'不会重生'。"

"世尊，他既重生，又不重生吗？"

"华加，非也。"

"世尊，他既不会重生，也不会不重生吗？"

"华加，非也。"

"我问了世尊四个问题，他的回答分别是：并非'重生'……并非'不会重生'……并非'既重生，又不重生'，并非'既不会重生，也不会不重生'……我深感疑惑，此前与世尊交谈得来的自信，眼下全部消散了。"

可怜的华加！佛陀怎么就不能好好说话呢？是他太腼腆了吗，但这实在难以想象，因为据传说，佛陀有着天生的个人优势：金钱、权力、社会地位、整个后宫的妃嫔。有人预言他将会成为全印度的王，但他最终意识到这些都无法带来永久的幸福，所以统统放弃了。我们可以把这些看作一种美化、一种装点。有无数的人跨越几十个世纪谨遵佛陀教诲去追求幸福，我们怎么就不能稍微善待一下他们呢？我们先假设人们并没有受骗，不然也没法讨论下去了。那该怎么解释呢？佛的话语，怎么会既完全正确又完全不靠谱呢？

也许，佛陀之于普通人，就如同普通人之于埃比尼泽·斯克鲁奇。《圣诞颂歌》里的斯克鲁奇，平时只想着赚钱，他没有亲近的朋友，不爱别人，除了赚钱就是攒钱，感情生活十分贫乏，既没有对未来的向往，也没有精神生活。

设想一下，我们要向斯克鲁奇解释什么是对孩子的付出。斯克鲁奇觉得世上的一切都能拿金钱来衡量。我们说："我对孩子的爱是无价的。"斯克鲁奇："就是说它不值钱喽！"我们："不，不是不值钱，它比一切事物都贵！"斯克鲁奇："啊哈，那它就是很贵喽！就跟跑车一样，只不过比那个还贵。"我们："不，不对。它既不是不值钱，也没有很贵。"斯克鲁奇："好吧，也就是说它既值钱，又不值钱。""不！""那它既不值钱，又很贵？"

不对，斯克鲁奇！不是这样的！斯克鲁奇之所以这样，是因为他被一种具有束缚力的、焦虑的意识困住了。但我们的意识状态远比他要好，他很难理解我们的语言。我们更优秀，能表达得更好，想得更多，能思考一些他（还）不能想通的事。他需要做的是拓展自己的意识，进入不同的维度，用犹太教的话来讲，他要从局限的意识跳脱到更广阔的意识里去。

如果我们想救救他，可以通过治疗让他从守财奴思维里脱离出来。可以让他出去转转，别老想着钱，体会一下生活之美。他真的去了，但效果可能不怎么好。他看到一缕绚丽阳光时首先会想："哇！真美啊！"但紧接着就会想："嘿，我在这儿放个太阳能电池板就能抵税了！"还可以请他读一首诗、听一段音乐，诗人和音乐家皆非拜金主义者，这些作品也确实能让他的情绪产生

共鸣，但他依然有可能走上邪路，将诗歌、音乐、哲理统统打包整理，虽然原作者不在乎钱，但他能拿着这些到拍卖网上大赚一笔！斯克鲁奇是个守财奴，小宝宝能让他意识到生命中还有比金钱更可贵的东西。确实有这种可能，但也不一定。他必须向前跨出一大步，才能迈向新的思维模式和生活方式。若能成功，他会活得更好些，能看到一个美丽新世界，此时，过去的生活才会显得阴暗、狭隘。在点化之前，斯克鲁奇或许读不懂某些话、某些事，但一经点化他就恍然大悟了。但这并不是说，点化后的他能对点化前的他说清楚这些事。

这样看来，佛教徒确实所言非虚，只是以我们目前的思维还难以理解这些洞见。假设蒯因和戴维森的思维都裹挟着童年阴影，他们必须用硕大的脑袋控制生活，控制周围的人，那他们或许真的理解不了神秘主义者的说法。对他们二人而言，"神秘主义者"就是个空泛荒谬的词，但这是他俩自己的问题，不关前者什么事。某些问题对一部分人不可说，对另一些人则可以说。而问题就在于，往往是那些听不懂佛陀教诲的人才最需要听懂。

假如这是真的，佛教里长年的争论不休也就容易理解了，他们一方面想让教徒听得更明白，另一方面又怕教徒为了"明白"而放弃最有价值的内容。所以在一开始，佛陀就引入了"涅槃"（nibbana）[1]的概念，意为消灭了自我驱动的思想。后来大乘佛教兴起，这一派认为涅槃是与日常生活有所区隔的状态；但它的前身小乘佛教[2]对此的理解则完全不同。小乘佛教认为存在某种自我之外的东西，我们虽然还没有，但要穷尽一生才能得到它。为了说服斯克鲁奇，我们换了一种表达，告诉他爱不能与金钱画等号，爱完全是另一种东西；而佛教徒则要说服他，爱才是他要追寻的东西。

小乘佛教表达了他们核心的形而上观点：世间万物一切皆空。你认为世上总有东西是看得见摸得着的，但这不过都是幻影，没有什么是必然的。但大乘佛教则认为此举失去了意义。这

---

1 佛陀最初说的可能是"nibbana"而非"nirvana"。因为"nibbana"是巴利语，属于口语，而"nirvana"是梵文，是专为文学、哲学创造的语言。

2 "小乘"即"小车"之意，是大乘佛教，即"大车"的信徒对对方的贬称。小乘佛教信徒并不称自己的信仰为小乘佛教，而是称"上座部"佛教。大乘佛教信徒认为小乘佛教"车太小"，只管度己，并不度人。但既然佛教徒都认为自我是空，我也搞不懂两者到底有何区别。

里有一段对话，一方是十一面千手千眼观音，另一方是渊博的小乘派僧人舍利弗。以下是从《心经》中截取的内容，它是《般若波罗蜜多心经》中的精华，行文也更加简洁[1]：

舍利子，色不异空，空不异色，色即是空，空即是色，受想行识，亦复如是。

观音对舍利弗说："你自认为佛陀教给你一种不同的生活方式，让你脱离了自私欲望，你非常渴求这种生活。但想想吧，这本身也是一种自私的欲望。你所做的不过是将对烟、酒的欲望，转化成对点化的欲望。"

这个观点更具哲理、更辩证，我们称之为中观学派。此派的创始人是哲学家、术士、修行者龙树菩萨（Nāgārjuna）。据传说，他从一条名叫那迦（nagas）的海底神蛇那里习得了这套理论。（在著名的伊甸园故事里，蛇是人类被逐出的罪魁祸首；但在龙树菩萨的故事里，蛇则是善良的。）

神蛇那迦首先为我们揭示了一个道理，我们遭遇的一切事物本质上都是空。其中不仅包括我们自身，还包括所有我们喜欢和讨厌的东西。这就是空，空就是我的本质。空根据具体事物不同，表现也各有不同：花之所以为花，是因为它会结出果实；果

1　般若波罗蜜多，这句话最简洁的表达方式只有一个音节："啊！"

实之所以是果实，是因它孕育着种子；种子之所以为种子，是因为它能长成植物；植物之所以为植物，是因为它能开花。我们很难说清楚真谛到底是什么。但中观学派将真谛分为两种，一种是俗谛，也就是世俗人理解的道理，另一种就是佛的真谛。让我们来提些问题："空本身也是空吗？""没什么是真实存在的。"这句话是真谛还是俗谛？

接着往下读之前，你可以写写自己的答案。

如果你认为"真谛存在"是真谛，根据中观学派的观点，你可就错了。因为一切皆空，连空都是空。言语是无法描述真谛的，就连"言语是无法描述真谛的"这句话都不能用来描述真谛。连俗谛与真谛的差别都算俗谛，而非真谛。如果说维特根斯坦给了我们一架梯子，那么中观学者则给了我们一条圆形滑梯，把我们带回了起点。

道家学说里也有类似的问题。《道德经》是道家的基础文献。老子说："知者不言，言者不知。"这么说来，老子本人是"不知"的，亏他还是道家的创始人呢。有位中国哲学家杜维明曾告诉我，孔子是最杰出的道家信徒，他遵照老子的方法教会人们在社会上如何与人相处，而且从未提过任何与道相关的东西。当然，杜维明是位儒家学者。

但这跟圣诞老人有什么关系呢？

有一种说法是，圣诞老人和自我、友爱、死亡、科学一样，

都是我们平时相信的东西。圣诞老人并不存在，这些东西从未真的存在。但如果我们以中观学派的辩证法来看，某种程度上，我们最终还是会相信他的存在。我们不会受制于他，而是会适当利用他。就像宗教信徒会进行本尊修行，我们对圣诞老人也可秉持这种态度。在修行时，他起初会念想世间万物皆空，想象自己是密宗的神佛，五彩斑斓，衣冠楚楚，姿态丰盈，千头千手，拯救苍生。

我们也能这样看待圣诞老人，闭上眼，试着去感受他吧。

我们可以一遍又一遍吟诵他的名字："圣诞老人，圣诞老人，圣诞老人，圣诞老人，克林格，克林格，克林格，克林格……"这就叫冥想修行。

接着，我们可以回到圣诞老人的神庙，那里满是他的塑像；还可以去听听关于北极生命的课程。

我们再不用担心他到底存不存在了，矛盾本就是现实的一部分。我套用一下龙树菩萨的说法：

圣诞老人并非存在。

圣诞老人并非不存在。

圣诞老人并非既不存在也不不存在。

圣诞老人并非既存在又不存在。

就是这样！如一滴自暴自弃的露珠，滑入波光粼粼的大海。

6

我既愿意又不愿意

也有人不甘心就这样滑入大海。

我们先看看，詹姆斯是怎样给神秘主义下结论的。他认为神秘主义者多数是乐观的泛神论者。他们认为世界很好，他们也很好，世上每样东西都是潜在、不可说的美好存在的化身。接着，他提出了这个问题："这样行吗？只靠神秘主义者的种种经历，就能证明存在是美好的吗？"毕竟嗑药的人看什么都美好，什么都不用担心。但这是不对的。再比如，有些政客你就是不喜欢，但偏偏就有人热心参加他们的政治集会，被引导认为国家有这样那样的问题，这都属于严重误导。詹姆斯认为，神秘主义对它的信徒有支配作用，但对其他人没有。身为其他人，我们必须验证神秘主义者所说的是否属实，我们能不能去效仿。他举例说，有些神秘主义是有害的，只会带来更多的不幸，比如精神分裂。

就是说，神秘主义对一部分人有用，对其他人则没用。这种说法乍一看很折中、很民主、很谨慎，但却暴露了一个大问题。神秘主义者坚信人与人之间的界限是虚假的。而詹姆斯认为只有一半人相信神秘主义。假设他是对的，那神秘主义不就是错的吗？如果众生是一体，那么怎么可能有些人相信，又有些人不信呢？

詹姆斯对神秘主义的描述十分谨慎，好像没反映出他真实的想法。没错，大多数神秘主义者都很沉默，但也有些人努力在向我们表述些什么。关于沉默的重要性，他们说了很多，也很希望我们了解"无我"有多么重要。总而言之，他们都宣称自己窥见了真理。但无论这句话是铿锵有力还是扭捏腼腆，它都是一句很重的话。就连唐纳德·拉姆斯菲尔德[1]或唐纳德·特朗普这种吹牛不打草稿的人都不敢这么说，他们很享受引导别人思考。即便神秘主义者自己不说"我是神，拜我吧"（有些还真敢这么说），他们的信徒也会说："你是神，我们来拜你吧！"神秘主义者一般也不会断然拒绝。[2]追随者说，我们和大师间的距离好比疯子和常人之间的距离、动物和人之间的距离。即便这些大师不会通灵（好像大多数都会），信徒也会将他们视为圣洁、强大、友爱和毅力的化身。

---

1 美国政治家、美国前国防部长，以言论大胆著称。——译者注

2 有些人说他们无法说服信徒自己不是神，真的吗？如果换作我，我保证能做到，我会吃很多比萨，再吐信徒一身，或者仔细描述一件自己做过的丢人蠢事。

其实，即便接受了自我矛盾，你也不会变得更好，而且极有可能像我们担忧的那样，不是成了骗子就是成了疯子。乔治·奥威尔在《1984》里说，极权主义信奉的是一种荒谬的神秘主义，他们说："战争即和平。""自由即奴役。"要是今天你还想看看这种讲不通的句子，就去看朝鲜的主体思想吧。在山达基教的一些书里，你可以看到 L. 罗恩·赫伯特[1]是怎么带着逻辑一步步击溃、蛊惑他的信徒的，他把他们全都扔下船，再满世界去找疗伤的解药。他跟那个乔治·葛吉夫[2]一样，都对自己的信徒很坏。

佛教常说，一旦你意识到自我是幻象后，就会更加博爱。龙树菩萨在《空性论》中写道："空性生悲悯。"也就是说，一旦意识到我们都是彼此联系的幻象后，你会变得更博爱、更具悲悯之心。罗伯特·瑟曼是美国头号藏传佛教专家（也曾是我的老师），他在介绍《维摩诘经》时写道："（佛学老师）鼓励我们应有悲悯之心，同时要舍弃自我、苦难与束缚。总之，他们把般若与悲悯统一起来。"

但其实我们不必如此，因为在前面的讨论中，中观学派已经对原始佛教的观点进行了修正，多了温和，少了激进。为什么呢？他们为什么不彻底朝着激烈狂热的方向去呢？如果这条路就是一个圈，难道不应该把我们引向原点吗？

---

1 美国科幻作家，山达基教（科学教）的创始人兼宗教领袖。——译者注
2 亚美尼亚思想家，第四道教义的传播者。——译者注

瑟曼又说："般若能使我们脱离欲尘（这是必然的），即便你在这里学习探索，所得的'真理'也都是表层的，对世事的顿悟也是直接、浅薄的。与此同时，慈悲之心能让我们脱离一切具象化的'终极真理'，我们既不会成为恍恍惚惚的寂静者，也不会成为没有逻辑的逃避者，它会强制让我们做出无私之举。"

根据瑟曼对《维摩诘经》的解读，如果我们能领悟何为性空，何为空之空，就能从强加的思维和行为里解脱出来，拥有慈悲之心。但请想象这种情况：我是个好人，我关心他人，假如楼上有人尖叫"救命！救命！"我定会不由自主地冲上楼。但我要是知道楼上是播的录音，其实根本没有人，那我肯定不会上去的。假如换成是佛教徒，这两次的感受就不该有区别——如此一来，"不帮即是帮"才能说得通（但也可能还是说不通）。

这不仅是纯理论的问题。假如你去密宗修行者家里赴宴，餐前一定得看清楚了。据《瑜伽宝鬘》（Yogaratnamala）的说法："饮食不必拘泥，不必刻意思考哪种能吃哪种不能吃。不必做例行的清洗，不必避讳粗俗的行为……什么肉都要能吃……内心无所畏惧……要吃五甘露，要喝得了蜜酒，吃得下毒苦楝，咽得下胎盘液。无论食物是酸、甜、苦、烫、咸、涩、烂、鲜还是带着精血，都要吃得下去。凭着这种观念，没什么是不能吃的。"

某些密宗修行者为了克服矛盾意识的屏障，会用人的头骨当杯去喝经血、喝痰液，只要得到头骨、痰液、经血提供者的允许

就行。如果有富余，我可以把我的痰贡献给他。诸位，只要没有人吃毒苦楝中毒，这会是一场我们终生难忘的派对。

有个叫欧泽·天钦（Ösel Tendzin）的密宗领袖在不做保护措施的情况下乱搞男女关系，染上了艾滋病，还传染给了自己的信众。[1]但组织里还有人认为这种行为是可取的，作为跨越了精神屏障的先行者，他能用这种方法帮学生一起跨越屏障。欧泽！那我们还得感谢你！

神秘主义还有一个弊端：假如推行者不是统治者，这套理论就可能会显得很傻。曾有学生向已故哥伦比亚大学哲学教授西德尼·摩根贝沙（Sidney Morgenbesser）发问，问他是否赞同某事物"既是且非"的论断。西德尼说："我既同意又不同意。"虽然

1　凯蒂·巴特勒，《美国佛教的阴暗面》，载于《天下世界杂志》（*Common Boundary Magazine*）（1990年4 / 6月号）。

逻辑研究能带我们接近真相、增强信念，但推崇矛盾对立和神秘主义根本不能解决实际问题。如果你想知道北美有没有野生的有袋类哺乳动物，告诉你"既有又没有"也没什么意义。要是有人说"这里有啊"，那才帮了大忙。这样你就可以说："证明给我看啊！"他们再把负鼠拿给你看就行了。摩根贝沙的观点来源于亚里士多德，后者曾说，如果某人接受了矛盾律，与他争辩就是毫无意义的，因为他已经变成植物人。这种人你不会想与之争论，也不会想跟他结婚，因为他很可能会在圣坛上说："我既愿意又不愿意。"

神秘主义者也可能既掌权又愚蠢。在反抗不公正的统治时，矛盾就是一种强有力的思维武器。神秘主义会说事情就是这样，"人生本来就是矛盾的"。我们的父母也会说类似的话，假如他们倦了，不想与不公正抗争了，就会跟你说"人生就是不公平的"，然后接着庸庸碌碌。要知道，印度这个文明既有《奥义书》，也有天花女神（Shitala）。若有小孩死于天花，父母们会去祭拜女神，跟她说自己已经无计可施了。但在欧亚大陆另一端，爱德华·詹纳（Edward Jenner）发现感染牛痘的奶牛场女工从未得过天花，进而发明了疫苗，彻底消灭了天花。来，给理性主义加一分！

有时你很难分得清什么是低调的禅宗哲学，什么是赤裸裸的愚蠢。上文已经提到，佛教最早的宗派是小乘，他们认为自我是一种幻象，因此建议我们都出家，抛弃财产、家庭、性生活和晚餐[1]，就是要从这种幻象中脱离出来。在小乘佛教之后，大乘佛教认为教徒应当走出自己的精神世界，告诉世人如何不再受苦，要大家不断努力修成正果。小乘佛教只承认人的贪欲，大乘佛教则让人去贪图另一样东西：无欲。无论如何，大乘佛教信徒看上去还是佛教徒，他们向大家讲解佛理，穿僧袍，打坐冥想，偶尔也在冥想时想想："假如我已经被点化，为什么还要打坐冥想呢？"再到下个阶段，一些禅宗大师[2]会告诉你别去追求涅槃，也别完全信仰佛教。这些禅师批判大乘，就像大乘批判小乘一样，都是教人不要执迷某物，甚至不要执迷"不执迷"这种念头。说到这儿，你就会奇怪，既然他们都承认自己说的话不值一听，那为什么还非要说呢？这让我想起一位朋友，他对法国的解构主义哲学很感兴趣，跟我说解构主义的一大卖点就是解构解构主义本身。我就忍不住问他，如果解构主义都能被解构，那我干吗还要去读那么长、那么枯燥的书呢？有这工夫为啥不去跑跑步，或者重读帕特里克·奥布莱恩（Patrick O'Brian）关于大海的精彩故事呢？

讲讲克里希那穆提（Krishnamurti）[3]和通神学会的故事吧。通

1　晚餐这条很重要。根据佛教戒律，也就是佛教僧侣要遵守的寺院守则，和尚过午不食。但泰国佛教在喝酸奶算不算晚餐的问题上有所分歧，较为宽松的大宗派认为不算，但较为严格的法宗派则认为算。

2　比如托尼·派克（Toni Packer）。

3　吉杜·克里希那穆提，印度哲学家，被誉为20世纪最伟大的灵性导师之一。——译者注

神学会的创始人是勃拉瓦茨基夫人（Madame Blavatsky），一个俄国人，她假充内行，谎称自己在西藏接受过秘法开导，说有位库特·忽米（Koot Hoomi）大师的灵魂在背后指导她。"假充内行"这个词可能有点儿过了，但她描绘的西藏与现实完全不同。她的教义在《揭开伊西斯的面纱》（Isis Unveiled）一书中发扬光大，书里描绘的消失的大陆、失落的魔法部落，被各种科幻小说拿去借鉴。她的继任者 C. W. 莱德比特发掘了一个充满灵光的印度青年克里希那穆提，将他视为弥勒再世、世界导师。多年后，克里希那穆提抛弃了他的救世主身份，并告诉通神学会的教众，救世主、招魂说、神秘智慧都是骗人的。

克里希那穆提干得漂亮！明明有一群人追着他，奉他为神，但都被他制止了，这种同理心和公益心令人钦佩。他无视了捉鬼敢死队的预言，即便别人坚称他是弥勒转世，他也没去理他们。

虽然克里希那穆提否认了自己弥勒转世的身份，但他还是在传授这样的东西：

已经不能再奋斗力争的心，就是道心，在这种心智状态中，你才可能巧遇所谓的真理、实相、大乐、上帝、美或爱。这种境界是邀请不来也追求不到的，因为人心过于愚蠢渺小，情绪也过于粗劣，生活方式又是一团混乱。如何能邀请那浩瀚无涯的东西驾临你那卑微的居所、那饱受践踏的小角落！你是无法请到它的。要想请到它，你必须先认识它，但是你根本无法认识它。不论是谁，只要他一开口说"我知道了"，他就根本不知道。如果他说"我找到了"，其实他还没有找到。如果他说"我经历到了"，实际上他就是还未经历到。这种声明自己已经证悟的人，不论是你的朋友，还是你的敌人，他都是在剥削你。

想让我憋着不吐槽这番话真是太难了，就好比苏格拉底在说他什么都不知道。说到底，他又不认识我，为何对我出言不逊呢？还说我的情绪也太过粗劣什么的。有时他还会斥责听众，说他们太暴力，然后这样教化他们：

如果你要制止一场暴力或战争，你需要投注多少精力于其中？你的子女被杀，你的儿子被军队征召，受尽恫吓，然后被屠杀，这对你难道不严重吗？你难道不在乎吗？如果连这件事都引不起你的兴趣，老天，什么才能？紧守钱财？饮酒作乐？服用迷幻药？你难道还没有认清内心的暴力正在毁灭你的孩子？还是你仍然将它视为一个抽象的问题而已？

所以，即便他不承认自己是弥勒转世，但仍觉得我们是铁石心肠，对世界漠不关心，虚伪懒惰，麻木不仁。他说自己并非无所不知，但这番话听着怎么都像是他知道我们不知道的事——该怎样面对暴力。那他必须告诉我们什么才是正确的态度。

虽然声称自己不再是宗教领袖，但他依然话里有话：他已经掌握了世上一种非常重要的神秘知识，但我们还没有。他一再强调这种观点是错的，但假如他真觉得无话可说，那完全可以住嘴啊，最起码别总是说教。我想，他并不觉得有什么事比阻止暴力更重要。既然他还是滔滔不绝，我也很难相信他真无话可说，真觉得自己不是宗教领袖。

我们来看下面这段话：

放下，即最高形式的热情。通过彻底的放下，那个我们称作爱的东西就有了。爱就如谦卑，是无法培养的。当人人都不再自欺欺人，谦卑就有了，可那时你已不知道何为谦卑了，那些自认谦卑的人，其实是虚荣的。同样，你要将你的心、你的神经、你的双眼和你的全部生命都投入寻求你的生活之道，去看清自己的真面目，再加以超越，并要打心底彻底拒绝你眼下的生活。当彻底拒绝所有的丑陋和残暴后，另一种东西就有了。身处这番情境，你仍然无法形容它，一个自认内心寂静又有爱心的人，其实根本就不理解爱与寂静究竟是什么。

克里希那穆提的话很矛盾，我内心出现了两种声音：

声音一：写得漂亮，克里希那穆提！爱、谦卑和寂静都是真实存在的美好事物，但假如你想一次都得到，这种念头要不得。

声音二：都是扯淡。无论是爱、谦卑还是寂静，都毫无意义。若无法对应上现实事物，那就是空话。如果克里希那穆提真的说了什么，那就是错的。如果他什么都没说，那就是什么都没说。

写到这里，我觉得自己就像一条追着自己尾巴转圈的狗，跑得是挺快，但还是什么都追不到。在圣诞老人问题上，我们再让两种声音来对话。

声音一：有圣诞老人。

声音二：没有圣诞老人！

如果再讨论下去，就会变成下面这样：

声音一2号：你们俩别吵了，用逻辑来思考，选个正确答案吧。

声音二2号：让它们打，接受现实的矛盾，做个神秘主义者吧。

毋庸置疑，只要你扛得住，这俩声音会一直打下去。就像我的狗，只要还没晕眩呕吐，我们就能追着尾巴尖一直转下去，只不过最终还是会回到原地。

然后就会变成这样：

声音一3号：用逻辑判断：声音一2号和声音二2号哪个正确。

声音二3号：兄弟，要坚持你的神秘主义信念啊。

当个神秘主义者到底有什么好？那样我们既能同圣诞老人存在派（或人生有意义派）的人和平相处，也能和相信这些的那一半自我和平相处了。神秘主义者认为，概念与现实并不是一一对应的，因为那样就不存在意识形态斗争了。人人都是对的，人人也都是错的。圣诞老人、上帝、平等、正义这些统统都存在。历史学家塔西佗曾批判罗马人大肆屠杀造成生灵涂炭，但同时也带来了和平。神秘主义也是，虽然它终结了意识形态斗争，但也带来了毁灭性的后果。如果所有事物都存在，我们一样会遇到麻烦。除了上帝、人权和圣诞老人，下面这些东西也会变成现实：

圣诞蝙鲼——和圣诞老人差不多，只不过是一条蝙鲼。

圣诞螳螂——和圣诞老人差不多，只不过长着螳螂头。

除了作者我应该被打爆头以外，其他人都享有人权。

圣诞胃药——和圣诞老人差不多，只不过不带玩具，而是给胃酸的小孩送胃药。

所有叫约书亚的人都应该被诅咒。

所有叫约书亚的人都应该被赐福。

红头发的人才有人权，其他发色的人都该去当奴隶。

圣诞汉坦病毒——在圣诞夜会有人送来一包带病毒的老鼠屎。

······

换言之，假如什么鬼东西都存在，那么存不存在这个问题就没有意义了。

对于我们生活中遇到的矛盾，我们既不能否认，也不能照单全收。它刺激着我们的思维和情感，让我们不断成长。神秘主义者觉得事物既存在又不存在完全可行，逻辑学家却认为既存在又不存在就是扯淡。而我们需要第三种选择。但那会是什么呢？

COMEDY

第三部分 幽 默

7

圣诞老人的果冻肚子和西尔弗曼

我跟我嫂子说，要写一本关于圣诞老人的书，但还不是很肯定"圣诞老人到底存不存在"。她说："哦，懂了，你挺矛盾的。"这时我想：不，这就是我要解决的问题。我想找到一种办法来调和二者之间的矛盾，而不是懵懵懂懂，犹豫不决。这让我意识到，我们始终无法彻底接受矛盾。调和的办法有很多，良莠不齐，但都不能一劳永逸。我们不想自欺欺人或逃避，也不想落得个精神分裂，一会儿觉得公有理，一会儿觉得婆有理。我们不想刚同意了一方，又自虐似的跑去纠缠另一方。我们既不想抽身逃离，又不想陷入困惑的泥沼。

我们想找到解决圣诞老人问题的办法，它也是解决世上其他矛盾的办法。它将会集逻辑学和神秘主义的优点于一身。运气真好，圣诞老人给了我们一个提示：

他的眼睛会发光！他的酒窝满欢笑！

他的两颊似玫瑰，他的鼻子像樱桃！

他那滑稽的小嘴如同一张画出的弓……

他有一副宽宽的脸庞和小小的圆肚，

当他开怀大笑，

那肚子震得像一碗果冻满出来。[1]

滑稽，欢乐，大笑时震得像果冻似的肚子。圣诞老人在向我们传达：要靠幽默才能解决问题。

虽然德谟克利特（Democritus）人称"微笑哲学家"，但其实西方理性主义一直对幽默没什么好感。哲学家托马斯·霍布斯（Thomas Hobbes）说，我们之所以发笑，是因为对他人突然产生了优越感。

"一种突然的荣耀感，它源于我们突然感受到某种自身的优越感，是通过与别人的弱点做比照，或是与先前的自我做比照。"也就是说，我们看到一个体面的人骑马路过，会觉得他比我们强。但他突然从马上栽下来，我们就笑了，因为我们突然觉得自己比他强。

从幽默精神而言，这并不好笑，但它从霍布斯这种痴迷于专制的思想家口中说出来，也就不奇怪了。无论如何，他还是抓住

1　本诗节选自《圣尼古拉来访》，作者是克莱门特·克拉克·摩尔。——译者注

了一个重点——笑是从时间角度接触矛盾的。一开始，骑马的人比我们强，后来就不行了，这种变化非常突然。逻辑学和神秘主义都在以自己的方式让我们舍弃时间，但幽默却始终陪着我们，从紧张过渡到放松发笑。因此，我可以这样说，幽默能在不反对任何一方的情况下调和这种矛盾。在逻辑学和神秘主义之外，它正是我们面对矛盾时的第三种选择。

让我们举个例子，假设布伦丹（Brendan）是一名致力反霸凌的教育工作者，获得心理学硕士学位，写了多篇关于校园霸凌的心理学文章。业余时间里，他会走进小学课堂，拿着两个布偶"吉米"和"布利"来讲故事。再假设我们都被叫去礼堂，校长向大家介绍布伦丹老师，他走上台，说要跟大家介绍一个人，然后去自己包里翻找吉米。这时，我们清楚地听到布伦丹不小心拉了裤子。对他来说，这一天简直不堪回首，但对台下十来岁的听众们就足够笑一辈子了，就算他们老了以后想起来还是会觉得很好笑。这是为什么呢？

会笑，是因为我们看到了自己能掌控的矛盾。笑可以缓解紧张，当然，这跟排便缓解紧张还是不同的。对孩子们来说，不拉裤子也是最近才学会的事，挺不容易的。如果你感到肠子发胀，那么拉出来肯定既轻松又愉快，但有时你不能这么干，尤其在课堂上不能这么干。对教师、家长这种权威人士来说，在掌控某件事的时候，一定要控制好自己这种排便欲望。[1]布伦丹不该在那一刻失禁，这事之所以好笑，是因为它展示了一对彼此矛盾的事实：一是拉裤子很搞笑，二是我们不该这么做。

我认为这种原始的矛盾很容易被忽略，因为对大多数读者来说，学着怎么上厕所已经是很遥远的事了。（如果你最近才学会，那恭喜了！）但回想一下，我们是怎么看待排便的呢？有些人会把排便当作男女情趣，可能因为打破禁忌很刺激，也可能是他们想当个婴儿，无论干什么都能得到无条件的爱。（当然，也不能排除他们就是想这么干。）一旦有了孩子，我们自然会常常洗尿布，如果父母年事已高，我们可能还要洗他们的尿布。一开始可能比较尴尬，但这到底为什么呢？假设你极其迷恋玛丽莲·梦露，你想不想用金子或有机玻璃盒保存一块她的排泄物呢？绝对

1　词源学小贴士：在拉丁语中"排便"（defecation）一词代表丢脸，这么说"fecation"一词就应该代表长脸，也就是说这是吃的意思。建议你还是不要去网上搜图片，去看"refecation"是什么意思了！（词根de-有否定的意思，re-有再、重新的意思。——译者注）

是一份私密的珍藏。

对这件事而言，正确的哲学态度应该是什么呢？某些神秘主义者可能会喜欢，有些可能当场就掏出刀叉，跃跃欲试要证明自己已跨越神圣与世俗、难吃和美味的界限。我绝不会那样做，也不会在他们尝试后立刻跟他们亲吻。就算你是玛丽莲·梦露的超级粉丝，也不应该去收集人家的排泄物。但这种逻辑上的解释并没有说服我，因为它没有表现出这种既欢欣又恶心的感觉。另外，我也不确定这在逻辑上能说得通。她的脸蛋儿和胸脯确实很性感，所以她的排泄物就很性感吗？爱接吻的人都喜欢唾液，但你会喜欢恋人的鼻涕吗？眼泪呢？母乳呢？汗水呢？眼屎呢？这一部分取决于你有多爱梦露这个人。性反应在接受某些部分的同时也会有所拒绝，幽默却对此持一种理性态度。它能将我们的厌恶和喜爱相结合，有时汗味和胃酸也会让人着迷，因为这能让我们想起爱人，但仔细一想又很搞笑。

那么，还有其他心情自相矛盾或态度不一致的例子吗？当我们以这种眼光审视世界，就会发现例子无处不在。就拿死亡来说，我们很爱自己，也很爱对方。当他们去世后，我们无法拥抱、亲吻，只能将他们埋葬。我们究竟爱不爱他们呢？神秘主义会说他们和他们的肉体是两码事，死亡并不是真的离去，所以无所谓。如果真是这样，为什么我们生前拥抱彼此时可以那么开心，对方离去后我们又如此难过呢？如果神秘主义当真觉得爱人离世也无所谓，那它对我们的生活也就无所谓。就像我一关掉电脑，文字就烟消云散了一样，为别人痛哭流涕也变成无所谓的事。神秘主义还指引我们去拥抱博爱，这就更没道理了。既然死亡是一种幻象，为什么自我牺牲与遭人谋杀相比，前者会更受人尊敬呢？逻辑在这里管用吗？我们来看看以色列历史学家奥托·D. 库尔卡（Otto Dov Kulka）的回忆录《死亡都市的景象》，他的童年是在奥斯维辛集中营度过的。他在书里讲了段黑色幽默，说集中营里的孩子以为死后就会上天堂，还认为看守们掌握着选择权，谁能被送进毒气室谁就能去天堂。这用逻辑能说得通吗？

既然神秘主义和逻辑学看问题都是一刀切，我们来听听幽默大师怎么说。这里有几段喜剧大师罗伯特·施密尔（Robert Schimmel）讲过的笑话，他与癌症抗争了十五年（最后却死于一场车祸）：

你能扛起多少，上帝就会给你多少。但他肯定是误会我了，我都要累死了。

牧师曾对我说："死亡不是终结。"我说你能不能把这话告诉我叔叔，他1976年去世后就觉得自己已经死了，还举办了葬礼，现在还在土里埋着呢。

有朋友曾对我说，死亡是新旅程的开始。你确定？嘿，我想去冒个险，那先去死一死好了。然后像辣香肠比萨那样把自己挤进盒子，扔进坑，埋上土，烂掉。有人想一起来吗？[1]

施密尔的笑话展现了我们面对死亡的矛盾：我们知道一切都完了，很害怕，不希望它是终点。

在我看来，他最妙的笑话还是下面这条，这是我哥在确诊白血病之后跟我讲的："我儿子得了癌症，我觉得糟透了，直到我也得了癌症。"

社会上普遍接受的观点是：我们不希望别人身上发生坏事。如果朋友生病、丢了工作、失去爱人，我们还说"幸好不是我"，所有的社会负面压力就会倾泻到我们头上，我们就没朋友了。社会期待（尤其是对女性的期待）是为他人之乐而乐，为他人之忧而忧，即便自己身上有好事，也要尽量低调。我们都喜欢那些能满足他人愿望的英雄、圣人，但仔细想来，其实我们是希望自己的愿望能被满足。如果没人想满足愿望，也就没有人会崇拜英雄和圣人了，他们就会没市场。无须赘言，有些人身患绝症却无钱医治，每次我们选择消费（比如买这本书），而没有把钱捐给他们，都是将自己的需求置于他们之前。

但说到底，我们都会死，如果一生只满足自己的愿望，未免太过狭隘。我们不是在假装关心别人，而是真的关心。为了孩

1　以上均摘自 cliffviewpilot.com。

子，我们不是一直都在牺牲自己的快乐吗？

但我们能付出多少呢？会为自己的孩子付出生命吗？如果他们得了癌症，我们情愿替他们承受吗？有些人会，但并不自知。如果要我想象这一情景，首先上帝肯定不答应，其次即便我能想象自己是一个英雄、好爸爸、烈士，我也不确定这些幻想会不会真发生在现实生活中。

所以说，施密尔的笑话太妙了，让我们跟矛盾当面对质。我们会说："你不该那么说！你应该说你宁愿自己得癌症，也不愿孩子得。"但也有一些人会说："当然。我又不是英雄，怎么会拿自己的命去换别人的命？"最多也就是捐点儿骨髓去救我哥，就这还让我得了三天流感。如果要用生命救孩子，比如捐出心脏去治他的癌症，那我可能就笑不出来了。但后来，我又对这个笑话有了更多领悟——不管是英雄还是烈士，他们都不是逻辑机器人，都没有对世界漠不关心，或者只选对的。他们也不是神秘主义者，觉得世间万物皆为一体，白白送死也无所谓。正如罗丹在其雕塑"加莱义民"中表达的主题——英雄也会挣扎。他们也遇到过这些矛盾，要在自爱与爱人之间做出选择。所以我认为，他们比我们更能体会到施密尔这则笑话中那种伟大的真实感。

这时就有了一个很重要的问题。就像我们在《圣尼古拉来访》那首诗中所见，圣诞老人抖动的肚子像一堆果冻。这预示果冻将成为我们生活里的一个矛盾点，对此萨拉·西尔弗曼（Sarah

Silverman)[1]也有个很棒的笑话："我正在舔男朋友身体上的果冻，突然，我意识到'天啊，我变成我妈了！'"[2]

好吧，我开个玩笑，它和果冻没什么关系，这个段子的主题是性。

这个笑话很复杂，有多层含义，要解释清楚就是毁了它。我正打算毁呢，西尔弗曼应该不会介意吧。

第一层含义跟我们的母亲有关。母亲有性生活吗？一方面我们会想"呃……"对不对？只有在和以下两种女性相比时，母亲才是最可能有性生活的——处女和干巴巴的老太婆。但另一方面，我们会去思考母亲有性生活这件事吗？我们知道肯定有，最起码也得有一次，但我们不愿去想。如果非要把母亲和果冻联系起来，那她也是在用果冻做三明治。

第二层含义要从性感说起。施密尔会给你这种印象，是因为他真的得了癌症，你会忍不住想他就要死了，这让你很难过、很恐惧。萨拉·西尔弗曼会给你这种印象，是因为她很性感，只要你是直男或女同性恋，她的性感就足以让你去想象她舔果冻的场景，这让你很兴奋。但接着她非要你去想象你母亲在做这件事，你只能强行制止自己继续去想。实际效果就像你和你的神经系统坐了趟过山车。施密尔利用了我们对人之将死的焦虑，而西尔弗

1　美国喜剧女演员、编剧。——译者注

2　其实这则笑话是由克劳迪娅·劳奈（Claudia Lonow）撰写，西尔弗曼表演的。

曼则利用一种矛盾的感情——一个故意挑逗的女人突然开始担心让她母亲陷入一种不正常的模式。我们要两面看待她，一是性感尤物，二是焦虑的哲学家。

在展示性感时，我们不会去想自己正在变老，也不会去想自己是否在重复某种被规定好的人生模式。在思索生命将去向何方时，我们一般也不会正好在滚床单。当然，舔果冻的和焦虑的是同一个人，我们既很性感，又有道德意识。我们不过是利用道德谴责来麻痹自己，但这就是真实的生活。有性经验的人都会有那么一刻，对人类的身体更感兴趣，对世界和平索然无味。如果你从来没有过这种体验，只能说你严重侮辱了你的伴侣，而且很可能还有性功能障碍——太关心世界和平而无法自拔。我们的父母、祖辈都有过这样的经历，在那一刻，他们不会关心种族歧视、人间疾苦或世界和平。最佳的答案是什么呢？逻辑？不，那太不性感了。是幽默，它既让我们接受性的观念，又能让我们接受这种矛盾的态度。

8

卡布先生的大黄瓜

通过施密尔和西尔弗曼的故事我们可以看到，在性和死亡的问题上，幽默能将矛盾的态度处理得很好。并非所有的矛盾都可笑，也不是所有的笑话都有勇气直面人生的矛盾。对于第一个问题，凡是不好笑的矛盾，一般都是很好解决的矛盾。我可以抓起一副电脑键盘说："嘿，看啊，这是个鸡肉三明治，让我浇点儿辣椒酱上去！"或是拿起一个鸡肉三明治开始打字："快来瞧啊！我正写邮件呢！发送！"你会发现这一点儿都不好笑，而且挺脑残的。之所以不好笑，是因为没人关心这个问题，没人关心你的键盘到底像不像鸡肉三明治。如果你非要把它变得好笑，可以加点儿想象力，比如我们是一群特别饥饿的"程序猿"，不得已只能啃键盘，这就是把真实的矛盾情感加了进去。

再比如说，一个欺负你的坏蛋抓着你的手，一边强迫你打自己，还一边大笑，问你为什么要打自己。只有他才会觉得很好笑，因为他在其中找到了一个矛盾点：受害人明明不愿意挨打，还是不得已挨了自己的打。我们并不觉得可笑，因为我们不是坏蛋，受害者的权利和欺凌的愉悦并不能构成矛盾。我不是说幽默不好，哪怕是最好的东西也可以拿来做坏事。我们可以用宽容应对屈辱，用交流应对谎言，用性应对羞耻，当然我们也可以用幽默麻醉自己，免遭困扰。

反倒是那些占领了道德制高点、自我麻醉了的人常常会对幽默的无情感到震惊。西尔弗曼曾发表过TED演讲，主办者克里斯·安德森（Chris Anderson）批评了她，说她讲得"糟透了"。然后他又稍作退让，说她的演讲需要消化，但自己并不想消化，因为她"取笑了智障"。她那个笑话是怎么讲的？大意如下：

我想收养一个有智力障碍的孩子，原因有三：第一，收养人很难找，但我可以做到。第二，我想给他很多的爱。第三，我真的很喜欢有他们陪伴。只是有一个问题，他们十八岁的时候不会自己离开家。假如一切顺利你会活到八十，你走后那谁来照顾你六十岁的智障孩子呢？为此我想了个好办法：我要去收养一个身患绝症的智障孩子。我知道，你们在想：谁会去收养这样的孩子呢？真正的好人就会。

表面上，西尔弗曼是在取笑那些虚荣的社会名流，他们为了吹嘘自己才收养这些特殊儿童。但在更深的层次上，她是在考问我们内心的矛盾，看我们对于做好人抱有怎样的态度。

收养身患绝症的孩子就能当好人，是吗？如果我是那个身患绝症的儿童，即便她的初衷再恶毒，我也会欣然接受。也许她家很漂亮，一打开冰箱就有吃的，或许还能荡秋千。人们都认为有同情心是一种美德，如果还兼具谦逊那就更好了，但真实的答案是：不谦逊又能怎样呢？还是举刚才的例子，即便是炫耀，这份同情心也是有价值的。我们都希望自己网球打得好，皮肤也保养得好，但就算你皮肤不好，网球打得好不就得了吗？如果在领养智障儿童和炫耀不领养之间选择，我们会不会选择炫耀去领养，而不是炫耀不领养呢？我们能百分之百确定谦逊就是美德吗？如果领养身患绝症的智障儿童本身就是件好事，为什么做善事的人感觉不到呢？我们也希望看到别人好，但为什么在这种时候就非要去发掘别人的坏呢？收养这样的孩子是很困难的，如果她本人能意识到自己是在做好事，或许就能坚持下去。我们希望英雄是谦逊的，这样才不会自惭形秽。但如果他们过于谦逊，也就不会出去当英雄。照顾特殊孩子很艰难，说别人像挑厨具一样挑孩子也挺无理。为什么呢？我们不该那样挑孩子吗？实用主义者在领养前，会预估一下被领养人未来的生活。修女离开舒适的修道院去监狱感化犯人，这确实很崇高，但她必须在上车前知道自己要干什么。如果她只是吃着香蕉就一路坐车到监狱，那她谁都感化

不了。如果你想救人，就得清楚自己要干什么。

　　萨拉·西尔弗曼对智障遭受的痛苦表现得冷血无情吗？他们有没有遭受痛苦还有待商榷，即便他们真的很痛苦，我们正确的态度应该是什么？哭哭啼啼？智障喜欢看哭哭啼啼的幽默？实际上大多数人对这个群体的态度都是假装看不见。我们到底是怎么看待他们的？如果做手术的外科医生是个智障，我们会高兴吗？肯定不会。如果婚姻出了问题，婚姻咨询师是个智障，我们能接受吗？肯定不能。虽然TED主办者不喜欢"取笑智障"，但他从未邀请过哪个智障人士来做演讲。所以他真的喜欢这些人吗？我打赌会有很多这样的人愿意来演讲！在台上信步游走，废话连篇，台下还一片叫好，这样的事谁不愿意干呢？我们对待智障和聪明人的态度颇为矛盾。如果上司是个白痴，我们可以和同事一起尽情取笑他，但如果他患了癌症，我们的态度就不一样了。即便这病是他自找的，比如他总是喜欢吃汉堡，或是非要待在空气质量很差的城市里，即便是这样，我们也不能拿他开玩笑。如果上司的智商真的有问题，我们也不能取笑他，准确地说，是不应该因为他智力上的残障而去取笑他。当然凡事都有个度，我们都遇到过那种能把人蠢哭了的老板。

我们对智障的感情很复杂，对是否承认自己想当个好人也很矛盾。耶稣曾指责法利赛派的人公开行善，并告诉自己的教众行善要秘密进行，行善是要炫耀还是要谦卑，他要大家自己选择。西尔弗曼的言辞同样有振聋发聩的效果。在面对人生矛盾，比如我们想让别人觉得自己好，但不想成为那种想让别人觉得自己好的人；我们关心智障群体，但不想去思考他们是智障这个问题的时候，我们通常的反应是分散注意力，熟视无睹。西尔弗曼没有用花言巧语或伦理妥协的方式来掩盖这种伤痛，而是用幽默将这种矛盾表达了出来。一位电视台总监曾就关于强奸题材的"幽默"对我说："你说世界上哪有人会觉得强奸题材的幽默好笑呢？"其实我可以这样回答她："你可以去看看萨拉·西尔弗曼的这则笑话：'我曾遭到医生的强奸，对一个犹太女孩来说，这真是喜忧参半。'"TED的主办者曾说："这种取笑智障的幽默需要让人适应，但我并不想适应。"为什么在死亡、性和痛苦的话题上，大家都开不起玩笑呢？显然，他们都没有幽默感。

大肆嘲笑他人的痛苦就是冷血，报以同情的微笑就可以接受。我有个朋友，他最喜欢的笑话是："世界上有两种人——开心时不会哭的人和开心时会哭的人。不哭，是因为不想让看到自己流泪的人难过。哭，是为那些没哭过的人难过，因为他们从来都没有这样高兴过。"也许那些从未不合时宜地发笑的人，也从未真正笑过。[1]

《玛丽·泰勒·摩尔秀》[2]有一集播出了大卫·劳埃德（David Lloyd）的戏剧《笑对死亡》，这一集反思了我们对于幽默的态度。剧中有个滑稽小丑在参加游行时扮成了花生皮特的模样，不料被一头发狂的大象踩死了。娄·格兰特和穆雷·斯劳特狂笑不止，玛丽则非常震惊："都死人了！"作为一名保守的女信徒，她从小就学会了对他人的不幸该做何反应。显然，在这里大笑是很不妥、很残忍的行为，因此她斥责了这两个毫无同情心的同事。

---

1 另外，我们经常在关于IQ的问题上自欺欺人，声称自己毫不在意，其实在意得要死。举个例子，有许多闲书、影视节目在内容上预先默认我们都能看懂，比如"我刚读了乔治·桑德斯最新的作品"，这种智商上的优越感就好像在说"是啊，我就是去跑了三个钟头的马拉松，没什么"，或是"我刚拿到二十万奖金"。但我这本书不是这样，你这么爱我，肯定会喜欢它的。

马戏大师P.T.巴纳姆有一句名言：永远不要高估美国民众的智商。但如今好莱坞有很多这样的人。我想，总得有人去告诉那些所谓智力平平的人，其实他们很聪明，当然我除外。这也是我写这本书的目的，虽然本书主题有点傻，但生活确实很难理解，不如放声大笑吧。我在前面写了很多罗素和神秘主义的东西，这些都可以拿来跟你朋友吹嘘。讽刺的是，我虽然很聪明，但确实非常谦虚！可能你很反感，觉得我总炫耀，但其实并不是，我读这些哲学书是因为我小时候想解决自己情感上的问题，书读得多也没什么可炫耀的，这是我个人问题。以前我常常装傻，这样就不会惹人讨厌，但后来我觉得装傻太累了。

之所以说本书不是拿来炫耀的，还有一个更离奇的原因。我哥安迪从小患有唐氏综合征，这就是为什么我家里总是那么压抑。就像我在神秘主义那一章开头所说的，读到那一段时咱们还不太熟，但现在我能相信你了。现在我要说一件很诡异的事，你可能会觉得我疯了。在某种神秘主义的层面上，我觉得在安迪死后我吸收了他的灵魂，他成了我心中一个隐秘的伙伴。所以结果是，我既了解唐氏综合征患者，又有了哲学家的知识。总体上，我认为自己就是个IQ很高的智障。

2 20世纪70年代美国热播的电视情景喜剧。——译者注格兰特解释道:"我们嘲笑死亡,因为总有一天死亡会来嘲笑我们。"他的话起了作用,玛丽觉察到自己看轻了朋友。接着在小丑的葬礼上,牧师歌颂了小丑的一生,虽然他想尽力显出幽默,但其实根本不好笑:

滑稽小丑给无数人带来欢乐,无论大人还是孩子都会铭记他所扮演的角色:花生皮特、哎呀呀先生、香蕉比利,以及我最喜欢的角色——哟呼阿姨。

就在这时,玛丽憋不住笑了起来,她想起了小丑扮演哟呼阿姨的样子——他转过身,灯笼裤上打着"剧终"两个字。在之前的剧情里,穆雷曾提到过小丑应该穿着这身衣服下葬。

牧师继续说:

这些角色带给我们的不仅仅是欢笑,还有更深刻的东西。大家还记得哎呀呀先生和他那句经典台词吗?他的对手卡布先生用一根大黄瓜把他打倒了。哎呀呀先生总是自己站起来,掸掸身上的灰说:"有没有伤到福福[1]?"人生也是如此,我们时不时也会跌倒,但只要我们能像哎呀呀先生一样简单、勇敢、诚实地面对就好。小丑先生跟我们索要回报了吗?也没有。用他自己的话

---

1 福福(foo-foo),剧中一只宠物狗的名字。——译者注

说，他的追求无非就是："唱着歌，跳着舞。"

在这段蹩脚的演讲中，玛丽一直绷着不让自己笑出来，但最后还是让牧师看见，点了她的名字：

你很想笑对不对？别憋着，笑吧，大声笑出来。看到了吗？这才是小丑先生最喜欢的，他就是想让人笑，他不喜欢眼泪，非常不喜欢，他讨厌看到别人哭泣。亲爱的，来吧，笑起来。

这时玛丽流下了眼泪。

"笑对死亡"这个故事告诉我们，要将幽默的哲学清楚地写出来是很难的。一旦我们意识到幽默能成为问题的合理答案，它马上就会变得合情合理，我们就再也笑不出来了。

还有件事也很搞笑，葬礼本来是让人感受悲伤的，但在大庭广众下，玛丽很难感受到这份悲伤。那为什么还要办葬礼呢？既然悲伤的情绪令人不自在，为什么还要有这样的仪式呢？为了纪念性爱，为什么要举办毫不性感的仪式呢？为了解释幽默，为什么要写一本压根儿不好笑的书呢？蒙提·派森剧团（Monty Python）[1]创作的奶酪店的故事，就讲述了这种社会角色和真实需求之间的矛盾。故事从一个上流社会顾客找中产

1　蒙提·派森剧团，英国超现实喜剧表演团体，也译为巨蟒剧团。——译者注

阶级的奶酪店店主买东西开始。他问了很多种奶酪，店主都说没有，这让我们不禁怀疑他虽然开着奶酪店，但可能根本就没有什么货。

顾客：委内瑞拉海狸奶酪有吗？

店主：今天没有，先生。

面对这样愚蠢的要求，店主两手一摊，好像是知道自己要陪着顾客玩似的，但他没让对方知道他知道这件事，所以才这样回答。顾客还以为自己问到了点子上。

顾客：（停顿了一下）嗯哼，那有没有切达奶酪呢？

店主：这个嘛，没什么人买，先生。

顾客：没什么人……这可是世界上最畅销的奶酪！

店主：在这儿并不畅销，先生。

顾客：（稍停了一下）那这里最畅销的是什么？

店主：艾尔切斯特奶酪，先生。

顾客：是吗？

店主：是的，它在庄园主和乡绅间极为流行。

顾客：是吗？

店主：这是我们卖得最好的，先生！

顾客：好吧，呃……叫艾尔切斯特，是吗？

店主：是的，先生。

顾客：好吧，那你有货吗？（其实不想买）

店主：让我看看，先生……没——有。

顾客：你这儿不是奶酪店吧？

店主：是整个街区最好的！

顾客：（恼怒地）请你用逻辑给我解释一下，这结论是怎么得来的。

店主：我这儿特别干净，先生！

顾客：是啊，连奶酪都没有……

店主：（欢快地）您还没问我有没有林堡干酪呢，先生。

顾客：你有吗？

店主：大概——

顾客：把你那该死的布祖基琴放下！

在此之前的剧情中，店主曾问过顾客自己弹的布祖基琴是否很吵，当时他说不吵，还说他"喜欢各种各样的舞曲"。在这整段对话中，这恼人的音乐一直在背景中飘荡，积聚的怒气最终爆发了。

店主：我早问过您了，先生……

顾客：（缓慢地）你有没有林堡干酪？

店主：没有。

顾客：我早该料到了，真的。我有个问题一开始就该问了。来，告诉我——

店主：您说。

顾客：（一字一顿）你店里到底有没有奶酪？

店主：有，先生。

顾客：真的？

（停顿）

店主：不，不是真的，先生。

顾客：你什么都没有。

店主：是的，先生。一块儿都没有。我是在故意浪费您的时间。

顾客：这样的话，抱歉，我得一枪崩了你。

店主：好的，先生。

（顾客掏出一把枪打倒了店主）

顾客：真是浪费生命。

这个故事明显是在嘲讽英国人的沉默寡言和阶级特征，顾客彬彬有礼，不想跟中产阶级店主发脾气，店主也没法直接让顾客滚蛋，而是以一种被动的、约定俗成的社会规则反击，故

意浪费他的时间。当然，故事还有其他含意，奶酪也就是牛奶制品，是一种婴儿式的满足。无论是阶级观念根深蒂固的英国，还是阶级观念比较淡薄的美国，社会规则都让人非常压抑。我们想要点儿牛奶都得不到，打了半天哑谜后气得想把所有人都杀掉，因为大家都很不开心。

奶酪店的故事很明显地反映了两次世界大战之后衰落了的欧洲文明。

托马斯·曼的《魔山》将大战前的欧洲比作一家肺结核疗养院，里面的人都在讨论应该看重信仰还是理性。但奶酪店的故事讲得更为深入：欧洲文明已经变成了死亡之舞，人们被束缚在连自己都不相信的角色中。店主知道自己没有奶酪，顾客也知道自己买不到奶酪。没有人真的快乐，大家都是为做而做：牧师布道，那些话连他自己都不信；国王们四处奔波施政，但所有人包括他们自己都不相信自己。人人都在敷衍了事，最后大家都受不了了，就开始自相残杀了。

原因真是这样吗？不，还要更复杂。在该剧某些版本中记载（而这版我是从网上找到的），奶酪店店主回答的是："是的，我没有奶酪。"然后顾客说："好吧，我再问你一次，如果你还说没有，我就要开枪打你了。"店主说："好的。"顾客又问了他一次，店主说没有，他没有奶酪，顾客就把他打死了。

蒙提·派森剧团是在提倡用暴力解决问题吗？第二个略有

区别的版本是我在《巨蟒鞋带与手帕》（1973）这张唱片里找到的。尽管店主知道会挨枪子儿，但依然承认自己就是在故意浪费顾客的时间。

　　顾客：告诉我，你到底有没有奶酪？

　　店主：好的，先生。

　　顾客：我再问你一次，如果你说没有，我就一枪打爆你的脑袋。来吧，你到底有没有奶酪？

　　店主：没有。

　　顾客：（开枪）真是浪费生命。

　　为什么店主承认没有奶酪呢？可能到最后，他宁可为了说真话而死，也不愿再撒谎。或者他就是傻得可以，以为对方根本不会开枪。再或者，他开店却不卖奶酪，为的就是以这种方式死去。

　　为什么我说幽默和神秘主义有些类似呢？这种不合时宜的笑能为我们提供解答——为了不陷入泥沼，或者说为了能主动跳进泥沼，我们该说些什么？不是我吹牛（至少是用真实的、别人能察觉的方式吹牛），幽默可是无穷无尽的。笑话一旦加了注释就不再好笑了，还特别尴尬。这点其实很有意思。逻辑的目标是将所有问题一次解决。总有一天我们能了解所有的事，能把我们的所思所想全都表达清楚——逻辑为我们编写了这种结局，但幽默没有结局。即便你能建立一套幽默理论，我照样能在里面找到笑点。事情不仅有一种可能性，这真是个不错的看法。比如："我明白了，以前我会觉得西尔弗曼的智障笑话和施密尔的儿子得癌症的笑话有些不合时宜。但现在我明白了，西尔弗曼其实很关心特殊人群，而施密尔也只是在开玩笑，他才不想他儿子得癌症呢。那些看似不礼貌的幽默，其实并不想冒犯谁，而是以一种更微妙的方式触及矛盾的本质。"根据这一点，我们还可以再编个笑话："其实我并不是在开智障的玩笑，而是想讲给他们听。"即便我已经把笑话分析给毁了，也完全可以放松心态，不合时宜地再笑一场。

我觉得解释笑话确实很傻，解释就是毁了它们。解释的过程又不好笑，明明是一本讲圣诞老人的书，里面却塞满了各种关于癌症、排泄物、果冻、性器官的哲学理论和笑话，说起来这点还是挺搞笑的。但也有可能是因为我这样提了一句，你才觉得好笑。

9

痛苦等于幽默减去时间

很幸运，美剧《生活大爆炸》里就有一场戏在讨论本书的主题：科学和理性主义究竟能不能，或者能在多大程度上对人生给出解答呢？剧中男主角谢尔顿是位傲慢且顽固的物理学家，他的女朋友艾米是位神经科学家，非常爱他。两人在加利福尼亚理工学院和朋友吃饭的时候，就物理学和神经病学的问题发生了争执：

谢尔顿：大家好。

莱纳德：嘿。

谢尔顿：我把艾米带来了，让她看看我的工作。

艾米：在理论研究上，你做得很不错。

谢尔顿：我怎么好像听出了一点儿屈就的味道？

艾米：抱歉，我没说清楚吗？我是说和神经生物学在现实中的应用相比，物理学该怎么说呢？对，微不足道。

莱纳德和霍华德：哇哦！

谢尔顿：你是说巴宾斯基这样的神经生物学家，能和麦克斯韦或是狄拉克这些大物理学家相提并论吗？

艾米：我就直说了吧。巴宾斯基能把狄拉克当早饭吃了，然后拉出麦克斯韦来。

谢尔顿：把这句话收回去！

艾米：我不！我和同事正在绘制神经基质图，它能促进全球信息处理。研究既对认知处理有要求，又包含了科学探究，由此可证，我们的研究在认知序列上更高端。也就是说，我这种研究比他的高级，由此可推断，也比你们的更高级。

莱纳德：对不起，我的脑子还停在拉出麦克斯韦那里……

谢尔顿：不好意思，但是大统一理论能解释一切事物，由此可证，物理学也能解释神经生物学。

艾米：是的，但如果我能成功，就能绘制并再现出你研究大统一理论的过程，所以你的成果也要纳入我的范式中。

谢尔顿：真是卑鄙的心理主义，早在19世纪90年代戈特洛布·弗雷格就揭露了这一点，你根本是胡说八道。

艾米：看来我们陷入了僵局。

谢尔顿：我同意。我要立即终止我们的关系。

艾米：同意。

谢尔顿：有任何异议吗……

所有人：没有，没有。

谢尔顿：那么即刻生效。祝好，艾米·菲拉·福勒。

艾米：祝好，谢尔顿·库珀。

霍华德：女人啊！跟她们过不到一块儿去，也答不上她们的各种假设。

谢尔顿：上帝保佑。

这场戏抓住了一个矛盾。一方面物理学好像能解释生物学，另一方面生物学好像又能解释物理学。从知识的角度看，我们进退两难。而作为编剧，我是从幽默的角度切入的。它和神秘主义有相似之处：不否认矛盾，而是将矛盾当作生活的一部分。它和逻辑也有相似之处：没有沉醉在矛盾之中，而是跳出来对矛盾双方进行批判。我们可以看到，谢尔顿和艾米的视角都被限制住了，他们都忽略了对方的立场。就像是男女朋友因为情感关系吵架，他们既想保持各自的独立性，又想维持这段关系。

希望这个幽默剧还能给你带来另一样东西，那就是欢乐。可能是因为我们从紧张的矛盾中松弛了下来，也可能是因为我们很享受这种思维蹦来蹦去的感受。无论如何，幽默能让我们接受、整合矛盾的自己，并与之为伴。

在这集的结尾，谢尔顿和艾米重归于好，典型的喜剧结局。老早的幽默剧经常以婚礼作为结尾。他们要融合成一个整体，既包括二人间的融合，也包括个体内部的自洽。

幽默和欢笑在神经生物学上都与嬉戏系统（play system）有关，神经科学家雅克·潘克塞普（Jaak Panksepp）发现人脑中的一部分进化结构可向前追溯到鼠类。鼠类也喜欢相互挠痒，一起嬉戏，一起欢笑。[1]那么鼠类笑的是什么呢？也许是在"我要去咬那只老鼠"和"那只老鼠要来咬我"之间挣扎。嬉戏是一种快乐的相处模式，但是占上风的和占下风的（或是占上风的老鼠和占下风的老鼠）要快速交替才行。科学家对此有过研究，两只老鼠打架，一方获胜的概率不会超过70%。超过这个比例就不是嬉戏，而是碾压了。

幽默也是一种嬉戏，是两个人相互交替着占上风，交替输赢。只不过我们嬉戏的内容是对立的观点，是矛盾的双方。这种迅雷不及掩耳的来回切换，看上去有点儿滑稽。这是在我们做得好的情况下，要是做得不好就会变成思维上的碾压，就等于我逼你用你的观点打你自己，还问你怎么不住手。

幽默与神秘主义很相似，它们都能接受矛盾，能在不否认任何一方的情况下，将二者融合成一个更大、让人更易接受的整

---

1 鼠类和犬类的笑声听起来和人类不同，但人们仍能够分辨出来，这是由生物系统决定的，听到这类声音时心情会很好。

体。幽默与逻辑也很相似，都具有反专制的特性。它们都能将矛盾指出来，并给我们批判的工具。但相对于逻辑而言，幽默更鼓励我们谅解并接受自己的局限性。因此，幽默可谓解决神秘主义和逻辑之间分歧的一剂良药。

生而为人，我们的一大任务就是让情感与认知、心灵与思维相结合。之前讨论的辩证法都是在智力层面上进行的，其实在情感层面上也有类似的讨论。换句话说，一个关于个体融合的故事是由两个小故事组成的：一般我们讲的都是思维如何处理矛盾，然后与情感融合。但从情感的角度来看，这个故事就是关于我们如何治疗创伤的，它同样也与幽默相关。

心理学家玛丽·安斯沃思（Mary Ainsworth）提出了一套研究依恋障碍的方法——成人依恋研究。这套方法以一种准确而幽默的方式回顾对象过去经历的创伤，进而展开心理安全感诊断。

临床医生会让病患回顾自己的过去，对童年的创伤进行描述。他们把没有安全感的人分为两大类，即冷淡型和专注型。冷淡型会否认过去发生的事，他们会说："很正常！""挺好的！""我的父母挺好的，你还想让我说什么？"而专注型的人则会突然被勾起关于创伤的回忆："我妈妈说我肥，这又不是我的错！我就是情绪紧张而已！但她一直说我肥！而且还不断给我塞吃的！她到底想让我怎样？"在我看来，专注型的人和神秘主义有些相似，他们都不按理性思考。冷淡型的人则与逻辑有相似之处，就好像自己生活在别处，把自己的过去看成一个需要解决的问题，在心理上离得很远。这两类人，一类太重逻辑，一类太过神秘主义，他们不会用客观而幽默的方式描述出自己的问题，也找不到自我谅解的方法。他们不仅自己有依恋障碍，从统计学上看，他们抚养的孩子也会面临同样的问题。精神病学家丹尼尔·西格尔（Daniel Siegel）指出，依恋研究的目的是平衡右脑的自传体记忆（autobiographical memory）和左脑的言语功能。这是一个左右半脑融合的过程。专注型的人一下就被右脑中的情感控制住了，无法将其与言语功能很好地结合起来。而冷淡型的人完全是在用左脑回答问题，全然不顾右脑的感受，无法调用自己的情感功能和自传体记忆。

在智力的层面上，我们想去理解，为此陷入了理解和不理解、相信与不相信的旋涡。在情感的层面上，我们需要攻克的是安全与危险之间的矛盾。我们需要安全，但其实我们并不安全。我们希望能安全地探索世界，但也要考虑那些真真切切的危险。到底是安全还是危险呢？这并不是认知层面上虚无缥缈的问题，无论是禁欲主义者还是歇斯底里的病人，这是每个人生活中都要回答的问题。幽默提供的答案让我们欢乐、成长，让我们体谅自己和他人。

智力层面上的"矛盾"就是情感层面上的"创伤"。我们之所以感到挣扎，是因为期待与痛苦的现实之间存在落差。

我们可以将人类历史视为一个人在极为漫长的一生中的自传。它并不神秘，而是实实在在的，文化就是一个通过学习超越个体的过程，它能将个体历史转化成群体记忆。

如果将人类文明看作终身学习的过程，那么这条路就是由逻辑和神秘主义这对矛盾体组成的。作为一种文化主体、一个种族，我们会记得那些曾经遭遇过的苦难，这也就是心理学家所说的"依恋紊乱"。儿童会因遭受虐待而产生依恋紊乱。由于依恋的对象是那些会产生伤害的东西，所以我们会趋近它，同时又会远离它。虽然听起来很疯狂，但两种行为是可以并存的。一旦有情况发生，我们就会被撕成两半。这就是矛盾，我认为，唯有幽默能治愈它。

行将就木之时，西德尼·摩根贝沙曾说："为何上帝要惩罚我？就因为我不相信他吗？"无论世界的尽头是上帝，是别的什么人，还是人类追逐善的能力，只要我们在成长，必然会无数次地伤心。幽默是我们自我谅解的手段，它能将我们的心重新拼凑起来，如果运气够好，我们还能变得更坚强。

LIFE

第四部分　人　生

10

沦为荒诞

但是，圣诞老人到底存不存在呢？

在我看来，人生充满了种种矛盾，我们前面已经认识了逻辑、神秘主义和幽默这几种解决矛盾的方法，其中幽默是最好用的。幽默能对不同的部分进行整合，让人与人之间达成和解。它能给我们带来欢乐，少些死板，多些活力。对于人生中无可避免的矛盾，幽默能给我们指出一条明路。对一部分人来说，圣诞老人就是这种矛盾。要想知道圣诞老人到底存不存在，我们就应该带着幽默感看待这个世界。

但这不就成了归谬法吗？一个人存不存在，怎么能由幽默说了算呢？

让我们再检查一遍。

首先，并不是所有幽默都能解答存在的问题。有的幽默很残酷，有些则轻浮麻木，有的还有种族色彩[1]。我们需要的是那些好的幽默。其次，要判断存在与否，幽默并不是唯一的途径，还有其他方法，比如敬畏、关怀，甚至是"跳舞"。只是好的幽默确实有这种价值。

即便有了这些条件，又怎么能以好不好笑判断事物存不存在呢？这种问题不该是沉重的吗？我说的沉重不是在说字面意思，你说轻如羽毛也行。那么幽默是怎样运作的呢？

我觉得，要判断存在与否，取决于你想要怎样度过一生，一旦意识到这点，问题就好解决了。"判断是否存在"和"决定要去做什么"看似不相干，其实说的就是一件事，那就是度过一生，它只与我们看问题时的抽离程度相关。比如，我回家晚了，老婆会吼我，我也会吼回去，说她老是吼人。退一步看，我会扪心自问："为了这种破事值得跟老婆吵架吗？"抽离一点儿看：说她老是吼人这公平吗？是不是太"损"了呢？再抽离一点儿看："公平"或"损"存在吗？我能感到我老婆的怒气正往我脖子上喷，这时如果我一边吵着架，一边还要思考公平与否，就说明我在生活的同时也在评判生活。

所以，我们能够把判断存不存在跟好不好笑相关联，这是有道理的。一开始，我只想知道怎样把塔米、塔米的儿子还有我儿子联系起来，接着开始思考圣诞老人的问题，进而考虑用什么办

---

1 依我看，在避免带有种族歧视的幽默上，芬兰人做得最好。

法解决矛盾，最后又评判起好不好笑的问题。我就是这样跟矛盾搏斗的，这就是一个例子，我或多或少都会抽离出来看问题。

要想加深理解，我们不如反过来看问题。假设有位哲学家名叫Q，他认为存在与否和家庭矛盾没关系，和隔壁邻居也没关系，和我面对它的态度更不相关，事物存在与否只是一个科学问题。如果你不信或理解不了，那你就是傻，就是自欺欺人。假如要这样看，那只有最前沿的物理学理论认可的实体才是存在的。根据Q的理论，他本身就不存在，意义也不存在，是非对错也不存在。世上只有量子场是存在的。那你说到底孰是孰非呢？是我还是Q呢？

首先，Q的理论很难反驳。如果你放弃节操转投Q的门下，他会教你一套辩论方法，让你辩论时立于不败之地。首先，你要去问科学家最新理论是什么。别担心，你不用真的明白，只要能复述出来就行了。假设他跟你说的是量子场吧。[1]接着有个人来问你：x是否存在？如果x就是量子场，你就说存在，反之则不存在。又有个人问了："你存在吗？"你可以回答："不，我只是个量子场。"如果对方再问："你想了解存在与否的这种愿望存在吗？"你可以回答："不过都是量子场。""那我们之间的谈话

---

1 这就是我写作时遇到的真实问题：我给加州大学洛杉矶分校的物理学教授大卫·萨尔茨堡（David Saltzberg）写了封邮件，他是《生活大爆炸》的科学顾问。我问他，物理学上认为什么是存在，他回答说，他认为是量子场。什么是量子场？我怎么知道！估计是宇宙中某种奇怪的波动吧，或者是某种翻腾的虚粒子，我搞不懂。

呢？""也是量子场。""你关心这个干吗？""因为是量子场。"其实根本不用管对方说什么，答案早就准备好了。但即便你这样回答，照样会出问题。

假如没人能证明你是错的，那也不代表你没错。即便赢了辩论，也不能证明你就是对的。精神病学家威廉·詹姆斯有一则著名逸事：他曾经有个妄想症病人总觉得自己已经死了，专家就问他："死人会流血吗？"病人答不会，专家就拿手术刀在他胳膊上划了一个口子。看到血滴下来，病人非常震惊地说："我真是罪孽深重，死了还会流血！"自闭的人会选择性地看待事物，除了接受治疗没有其他办法。唯我论者说他自己是唯一的存在，这当然是错的。虽然我没法证明，但我确实是存在的！如果唯我论者一直这么招人烦，闹不好我真的想杀了他。但即便走到这一步，他也不会相信我是存在的，再然后呢，他就死了，也没法在一旁证明我是对的（半死不活的情况就难说了）。我无法说服他世界上还有别人。但无论是我、你还是这个急需解决的问题都是存在的，这点我能打包票！

为何我这么肯定呢？反过来想想：假如你不存在，就不用了解科学，也不用辨明存在与否，因为连你自己都不存在了。我们只有量子场，而量子场是不用考虑存在的，它还有自己的事要做，比如保持波动什么的。如果其他人不存在，就不用管他们说了什么，也用不着跟他们废话。如果需要解决的问题不存在，就不用去了解科学，再深刻的科学洞见也都毫无意义了。所以说，至少有三种东西是存在的：你、我、悬而未决的状况，比如尚未解决的问题和必须完成的工作。

那么，一切事物都是存在的吗？不可能，那些尚未解决的问题和必须完成的工作，总会要求我们改变自己的存在观。曾有人认为天花女神是存在的，但天花是由天花病毒造成的。和不信女神的人相比，信女神也没能让孩子不得病。奥图·纽拉特（Otto Neurath）是20世纪初的哲学家，他创造了一种世界通用的象征语言，提出了一个认知形象，即纽拉特的船。根据他的理论，人类就像在广阔海域上航行的水手，造船用的不是木头甲板而是信仰。航行中我们无法靠岸，所以无法将不喜欢的信仰全都换成新的，但可以改造。比如，我们对信仰女神这件事很不爽，她保护不了我们的孩子，祭拜又要花钱，那我们就把这块甲板卸下来，把相信天花病毒的新甲板装上。

我认为某种事物存在，是因为它在生活中有参照物，并不是说你一定要稀里糊涂接受一些很扯淡的东西，比如种族歧视什么的。生活中很多东西都在自我批判和变化。如果你认为个体的人和整体文化都该戒掉圣诞老人，那就不必接受他是存在的，因为人和文化都是在变化的。换个角度看，如果你认为某种事物是存在的，但又看不清楚它在船上的什么位置，想拆也拆不下来，那么它就是存在的。

除地球外，很难想象我们还能航行到哪里去，那么地球就是存在的。在这艘信仰之船航行的时候，很难想象能扔掉某块板子，那么根据纽拉特的观点，科学认定的实体是存在的，而人是认定的主体，所以人也是存在的。解决的问题、完成的工作无论是好是坏，也是存在的。[1]如果把这些木板都拆走，船就要沉了。如果把相信"A比B要好"的板子拆掉，人就会死，真的！因为他不信吃饭比挨饿好。

如果继续走纽拉特之船这条路，我们最终都会去信病毒而不信女神。既然你不想死，就要承认存在危险，要对因果、时间、空间这些因素多加留意。如果你想要玩具，就要知道它们都是工资很低的亚洲工人生产的，而不是圣诞精灵从北极带来的。这么说来，圣诞老人并不存在。

证明完毕。

除非我们还有更明确的目的。世界上有这样一群人，他们为了政治诉求、宗教理想和美学信仰宁愿挨饿至死，他们的目标比肉体痛苦更重要。在他们看来，顺利航行的标准和别人不同，船的好坏标准也有所不同。中世纪时，有些基督徒认为我们的身体就是魔鬼的陷阱，他们当然就没有科学信仰。同样，如果你看破生死，我也很难说服你相信天花病毒。如果你并不看重效益最大

---

1 相信事物有好有坏，与相信利益有什么区别吗？哲学家认为有区别，很大的区别。那些相信事物有好有坏的人被称作唯名主义者，而相信利益的人则被叫作现实主义者。但我从未搞懂它们有什么区别。

化，而更看重圣诞节的氛围、看重礼物，我也就很难阻止你信圣诞老人。

在纽拉特之船的概念中，我们既是导航仪，又是船体，但凑近一看很难找到二者的分界线。如果你有生活的目标，船体就会选择哪些信仰是真的，这时二者就合二为一。但如果要求船体既选择何为真，又选择何为重要，重要性还在随着时间、地点变化，这样船就会迷失方向。如果以目标论成败，只有成败，那我们只能自己决定什么存在、什么不存在了。

导航仪和船体的问题还可以再进一步。法国哲学家笛卡儿的二元论认为，人类都有两面性。他观察到，我们身上存在着一些截然相反的属性。我们既自由又受禁锢，既相信道德又相信科学，既（渴望）不朽又（渴望）平凡。就像盒子里关着一种动物，既能飞又不能飞，既有牙又没牙。打开盒子一看，发现是一只鹰和一条鲨鱼被装订在了一起。可能人的矛盾性就像这只"鹰鲨"，是两种不同的东西被订在一起罢了。这种观点可以追溯到古代的诺斯替主义[1]，他们认为身体是囚禁灵魂的坟墓，只不过笛卡儿的二元论认为我们是由"思维"和"肉体"组成的。这就像把老鹰和鲨鱼装订在一起，自由思维和迟钝肉体也被绑在了一起。

难道我们都是"鹰鲨"？这想法太诡异了。平时也看不出我

---

1 诺斯替主义（gnostics），古希腊语，意为灵知派。

们是两种不同的东西搅在一起了啊。就我所见来看，思维不会疼，头才会疼。饥饿感代表着对食物的渴望，笛卡儿认为这种联系是随机的，但他说得不对：如果硬要把饥饿感和饱腹感联系起来是说不通的。即便我能感受到分裂，比如既生气又想冷静，或者正减肥却想吃冰激凌，又或者哈欠连天却想把书读完，虽说这些都是分裂，但都不是纯肉体与纯精神之间的分裂。无论是情感、情绪还是生活习惯，都介于精神与肉体之间，单靠哪一样都不行。

那么做母亲属于肉体层面还是精神层面呢？过去，无论是否亲生，成为人母在肉体层面都有很大影响。而今人们可以选择体外受精、领养等，做母亲更像是一种自我定义，属于精神层面的过程。但如果有人领养孩子，却拒绝将自己看作母亲，我们可以说她的情感已经转变成肉体行动，是为在更高的精神层面上克服这一问题。假设我们有这样一种科技，可以选择自己有几条腿、几个头，选择长卵巢还是睾丸，还有眼睛接收电磁波的频谱范围。这些都能通过电脑程序实现，我们只要简单按几个按钮就好，到那时肉体才是由精神决定的。

当然，所见并不一定为真，就算我们的直觉都错了，思维和肉体就是粘在一起的两种东西，这又是怎么做到的呢？打开这本书，精神上的欲望会促使你的肉体翻动书页。光子从书页上反射到你的眼中，这是一种物理变化，但会引起你的思维变化。鲨鱼和老鹰是怎么粘在一起的呢？被订上的，毕竟它们是两个实际存在的物体。但你要怎么把精神这种没有实体的东西和肉体这种有实体的东西粘在一起呢？如果有一种胶水能将实体和非实体粘在一起，那么它本身必须既是实体又是非实体。如果真的有这种东西，为什么不说我们就是这种胶水做的呢？虽然笛卡儿提出了"松果体理论"，但大家都认为这样说不通。

解决完这只"鹰鲨"，再回头看看纽拉特的这艘船。

纽拉特之船理论认为，生活中的行为和信仰是一个方程式中的两个变量。哪种信仰更有可能带来成功，我们就选哪种。方程式里还有另外两样东西：我们要去哪儿，我们是谁。生活并不仅仅是探索未知，我们本身就是未知。船上的水手并非一成不变，他们也在变化。我们在宽广的海洋里寻找答案，我们信什么、要什么、是什么，也随着航行在不断改变。

这并不是什么思维与大脑的混合体，这就是人类的大脑。

因此，"圣诞老人存不存在"的问题，其实就是"你愿不愿意把现在的大脑换成相信圣诞老人存在的大脑"的问题。

但这个问题太难了，该怎么回答呢？

11

脑半球里的圣诞老人

首先，我们要找来一群不同的人，问问他们有什么感受。大脑之间会有区别吗？根据多种不同的衡量标准，人类的大脑内部区别迥异。优势半球（hemispheric dominance）就是其中一个区别。悖论和矛盾让我们的信仰数量翻倍，说翻倍并不是吹牛，它已经嵌在我们肉体中，成为我们的大脑结构。我们有两只眼、两个肾、两个睾丸或卵巢，以及两个脑半球。它们一左一右，由一群名为胼胝体的组织连接着。一位中风病人的案例告诉我们，左右脑半球的功能截然不同。吉尔·博尔特·泰勒（Jill Bolte Taylor）曾是一名脑科学家，一次致命的中风破坏了她左脑半球里大部分区域。但凡事有利也有弊，虽然她再也不能说话，但就像威廉·詹姆斯的笑气之旅那样，她从此能感受到无限的平静、美好与善良。一切事物都融为一体了。要是有一天左脑能复原，她至少能去TED这样演讲：

右脑半球掌控着现在，即此时此刻，这个半球通过画面来思考，通过肢体动作来学习。信息会以能量的形式流经所有的感官系统，将当下的形态、气息、味道、感受和声音汇聚成一幅巨大的拼图。右脑能将我和周边的一切能量融为一体，也能将每个个体联合成一整个人类大家庭。就在此时此刻，我们都是这颗星球上的兄弟姐妹，我们能让世界变得更加美好。就在此刻，我们是完美的。我们是一个整体。我们如此美好。

听起来跟《奥义书》完全一样，只是她是从另一角度分析神秘主义的。看来神秘主义者都关闭了自己的左脑，仅用右脑。如果真是这样，那么支持逻辑的人就是关闭了右脑，仅用左脑，擅用幽默的人则是两个脑半球结合使用。当我们指责神秘主义者愚昧专制，控诉支持逻辑者冷漠僵化时，就是在对两个脑半球的不同功能进行评估。因此，如果你想知道圣诞老人究竟存不存在，首先要做的就是平衡好左右脑的关系，找出最佳结合点，看看在这种脑状态下的人究竟相不相信圣诞老人。

这个最佳结合点到底是什么？精神病学家伊恩·麦吉尔克里斯特（Iain McGilchrist）在《主人与大臣》一书中将右脑比作君主，将左脑比作大臣。右脑会派左脑去执行任务，而左脑擅长执行任务，会将事物分成若干容易掌控的小块，分别给它们下定义，忽略掉隐含的深意，以规则来控制它们。在伊恩看来，这就是最佳结合点，但在西方历史上曾有过波折，作为大臣的左脑误以为自己才是主人。斯克鲁奇由于找不到功利的因素，所以不相信慈善机构；而狄更斯和他笔下的圣诞鬼魂则是在点醒这些人，让他们想起合作、宽恕、慷慨这些正面概念的重要性，以及圣诞节的特殊性——这都是由左脑驱使的。

那么这两个脑半球和圣诞老人又有何关联呢？左脑半球认为，存在和不存在只能二选一，既然我们都没见过圣诞老人，那么他肯定不存在。那右脑半球怎么看呢？它肯定不会说"存在"或"不存在"，只有左脑半球才那样干。它可能会跟着哼起圣诞老人的歌，参加那些节日仪式。右脑不会对存在下结论，就像我们做梦时不会怀疑梦里之物存不存在，就是梦见而已。另一个与右脑相关的例子是 D. W. 温尼科特（D.W.Winnicott）提出的"过渡性客体"概念，比如孩子们的泰迪熊。孩子不会去思考熊是真的还是玩具，他们并不形而上。他们会跟泰迪熊说话，跟它玩，想念它。他们相处甚欢，也谈不上存不存在的问题。

右脑不会承认有神，而是会换种说法，就像我在泰国的僧人朋友查洛·科萨德哈姆说的："他们有存在的可能性。"

左右脑不仅给出的答案不同，看问题的方式也不同。如果只用左脑判断存在与否，就要给每个概念仔细定义。比如问："圣诞老人存在吗？"想回答就要先说明"圣诞老人存在"这句话是什么意思，再看看它在各种情况下能不能说得通。统统确认以

后，剩下就是对此的感受和如何去做的问题了。

很显然，右脑绝不会走这种流程。对右脑而言，当下即是真实的，没有哪句话是永远真实的。左脑将语言看作一种可以替换的密码，在这种模式下，我们可以说"养孩子真费劲"，或者直接问"这是真的还是假的"。既然这句话就在书上印着，当然可以通过给"孩子"和"费劲"下定义去考量真假了。这貌似是个很有意义的问题，但真是这样吗？或许只是因为我们能用语言将它写下、保存、用来用去，所以它才有意义。如果我这一天下来特别累，沮丧地叹着气，看着妻子的眼睛，以一种特定的声调和肢体语言（瘫在沙发上）说："养孩子真费劲啊。"我不仅是在表达某种对孩子的态度，更是在传递更多的信息。"养孩子真费劲"是在某种特定的语调、表情、动作和语境下表达出来的。但它和在另一种表情、动作、语境下表达出来的"养孩子真有趣"并不冲突。如果用字面表达，"养孩子真费劲"和"养孩子真有趣"是截然相反的。但在口语中，完全可以是一个意思。左脑的终极目的是用科学严谨的语言表达世界，客观理性，完全不受个人因素左右。[1]它希望设计出一套规则，与世间万物一一对应，对任何人在任何时间、任何地点都适用。这对右脑而言就太不切实际了。"世界是由原子构成的""民主是最好的政府形式"，这些表达的变数非常大，不同的语气、肢体语言、情感力量、渲染方式都会产生影响，想精确衡量是很难的。在左脑看来，从具体语言上升到抽象语言是一种由模糊走向清晰的过程；但对右脑来说，我们却离真相和意义越来越远。

对两个脑半球而言，理论推导和实践推导之间的关系也是不同的。左脑能拿出一整套方案，却卡在执行上，不知该如何"按道理执行"。而对右脑来说，所有的语言表达和思考都已经是当下生活的一部分。说话就像小猫舔人，有时会让人觉得舒服，有时又觉得刺痒。在不同情景、语境和表达下，语言既可能帮上大忙，又可能适得其反。不管是理论推导还是实践推导，都是从当下行为和生活里提取出来的。

要解决圣诞老人的存在问题，我们该怎么安排脑半球的工作呢？想象一下你坐在桌前，两边坐着两个脑半球，都是来应聘工作的。

你的任务是选出其中一个为你工作，看看他们都能干些什么。左脑能对现实做出逻辑推断；右脑则能与他人产生联系，感

1　这是托马斯·内格尔（Thomas Nagel）的话。

受当下。

左脑提出的论据很有说服力：

左脑：你看，如果考虑不周，你可是会死的。但你又不想死，所以你该听我的。

右脑却带点儿诗情画意：

右脑：黎明前总会有黑暗的。

你打算聘用哪个？如果说这场面试就是逻辑讨论，那明显就是为左脑设计的，他肯定会赢，因为右脑必然"不善言辞"。

但假如让你盯着他俩的眼睛来决定应该相信谁呢？

右脑肯定会赢，因为你能感受到情感上的联系。（其实心理治疗的成败和治疗理论没啥关系，和洞察力更没啥关系，关键在于治疗师跟患者的右脑半球能不能产生积极联系。）如果你是在面试他们俩，很可能会在情感上和右脑产生共鸣，但在智力层面被左脑说服。

这样能说得通吗？我们再来类比一下，假设你是个离过婚的单亲妈妈，要跟另一个单身父亲组成新的家庭，你希望家里人能好好相处，这时候就要做些工作：你们可以促膝长谈，也可以围着火炉击鼓传花；你们可以来场辩论，也可以准备一桌好菜；可以一起玩传球游戏，也可以全家徒步旅行。你们还可以一起走过一些艰难的时光，不是说智力层面的艰难，而是指情感上的艰难时刻。等经历完之后，你们就学会相互信任了。如果你想让左右脑好好相处，也可以这样操作，让他们经历挑战、分享喜悦、共同承担——与另一个人在情感和智力层面进行沟通，比如，你可以唱唱歌，弹弹琴，或在痛苦的时候依然保持幽默。经历完这些之后，两个脑半球就可以共事了，他们相互欣赏，相互信任，这时你就可以提出那个问题了："圣诞老人存在吗？"

假设你的团队建设做得不错，大家拧成一股绳，那么可以预想到以下对话。

左脑会说："你瞧，我不大擅长这种东西。我有太多的情感局限。虽然我本身不太理解圣诞老人为什么存在，但我相信右脑。它在场面上特别罩着我，挺好一个人。"或者，左脑会说："他不存在。"你可以反驳："这不是你擅长的事，这是很情绪化的东西。"或者可以说："这个问题一点儿都不好，只会让我们窝里斗。"再或者说："左脑啊，你先出去吧，我们正准备跟孩子们过圣诞节呢，你在这儿帮不上忙。"之后你和右脑就可以投入地相信圣诞老人了。

讲到这里都很顺利，但这个故事里你到底是谁呢？我们没有第三个脑半球，没法坐在中间决定谁对谁错。那么谁能让两个脑半球好好相处呢？脑科学研究必须继续深入，这都是无法逃避的问题。如果泰勒的学说是错的，那么二十五年来的科学不是在研究两个脑半球，而是在研究九颗葡萄、两个椰子、一根香蕉。我们可以说："给这盆水果排序的人哪儿去了？"但要安排大脑分工的时候，你怎么可能置身事外呢？

这个问题或许可以用科学来回答。我们来设想一个实验。经过数年、数十年、数百年、数千年的脑科学研究，科学家终于宣布：我们把大脑给研究透了。很好，这能告诉我们脑内不同的区域都能干什么，还能给我们一种自由操纵它们的神秘力量。现在可以把大脑连上用户界面，按一个按钮就能变聪明，按另一个按钮就能更专注，再按一个就能谈恋爱。转动旋钮，能让人特别想运动；往另一边转，能让人不再关心纽约尼克斯队本赛季一直输。这时，来了一个实验对象。我们把按钮装在他头上，把聪明值调到最大，这时他突然说："圣诞老人是存在的！顺便说一句，你们都必须臣服于我，向佐尔塔下跪吧！"——假设他叫佐尔塔吧。要是他叫艾迪，也可以说："向艾迪下跪吧！"

这样就能证明圣诞老人存在了吗？不能，因为这个变聪明按钮还自带着疯狂属性。[1]也许就像我妈妈说的那样，人最好别太聪明。我在想，如果这一切真的发生了，有人去找艾迪谈话，回来之后说："没错，他已经进化到人类最高级了，我们都应该膜拜他。"你肯定会想："真的假的？他是不是被收买了？是不是艾迪王朝建立后他能当个宠臣什么的？"

最后可能会引发世界大战，绝顶聪明的艾迪和他的宠臣会去对抗全世界。如果真的打起来，而我们又败了（我是你这边的），那艾迪相信的东西就真的存在了？假如他相信圣诞老人存在，又打赢了战争，就能证明圣诞老人存在了？如果在最后一刻我们携手反击，取得胜利，那圣诞老人就会存在到最后一刻，然后突然就消失了？真是太诡异了。假设艾迪就是个疯子，打赢了全世界所有人，还逼着我们相信一些很诡异的事，大概没有比这更糟的

---

1 如果真的发生了，而某个特别聪明的超人又读到了这里，我得澄清一下我没有任何不敬的意思。

事了。首先，我们得听疯子的号令；其次，他逼我们相信一些很诡异的事。所以这个例子并不能说明圣诞老人是存在的。

也许错就错在不该只制造一个艾迪。想理解存在问题，我们得造出很多不同的大脑，尽可能种类齐全：有图像思维的大脑，数据思维的大脑，极端平均主义的大脑，活得一丝不苟、势利眼的大脑，还有猿脑、熊脑和电脑，让大家聚在一起讨论。如果时间充裕，我们可以造一个包含所有圣诞老人、上帝和人生价值的

超级新大脑。我们也可以向所有人征集观点，虽然开销很大，但我愿意站在超市门口为这个项目筹集签名，毕竟它能回答我们所有的问题。

但是这可能吗？数据会不会太多了？我们会不会掉回圣诞老人／圣诞蝙鲼／圣诞胃药的泥沼里呢？我们能做到为大脑分工，但这主意真的好吗？

给这些大脑安排工作怎么样？既然我们都要面对宇宙终结的问题，要不要让这些超级大脑想想办法呢？但即便是这会儿（尤其是在这会儿），我们也要面对不可调和的矛盾。有的超级大脑会说：没办法，到时整个宇宙都会重启；有的会说：我们的所有思想都是平行宇宙中的拟态；有的会说：确实有终结，但享受过程就好；还有的会说：确实存在终结，而且是个很残酷的玩笑。聪明并不意味着不会自欺欺人，也不代表不会草率地一刀切。

那让他们打一架，看看最后谁能赢呢？既然都是没实体的超级大脑，要怎么算输赢呢？辩论？还是给他们装一些怪物身体，扔到外星球去打个死去活来？真要这样做，会不会有大脑认为用怪物身体来打架很缺德、很没品呢？

但这不正是我们眼前的状态吗？今天我们面临着宗教战争、和平的资源采集者与掠夺资源的资本家的战争，面临一夫多妻制和一夫一妻制的战争，还面临使用滴漏钟、电子钟或者根本不用钟之间的战争。

12

奥丁存在吗

在上一章里，我设计了一个科幻小说的场景，但其实就是我们人类真实的历史。我们的大脑不一样，每个人都通过身体来较量谁的大脑更优秀。首先站出来的是启蒙运动及其继任者，他们认为摆脱了幼稚、迷信，拥有自主权的成人大脑才是完美的。而他们的对手浪漫主义也站了出来，认为完美的大脑一定会为圣诞老人留个位子。浪漫主义者认为，完美的大脑一定是天真与经验的结合体。没错，科学和自主是好事，但我们也不能残忍地丢弃孩子看世界的眼光。婴儿吮吸乳汁，五岁孩子玩儿松果，这都是好事，为什么要放弃呢？只要加上点儿自我照顾和照顾别人的能力就好了。青少年总想证明自己能照顾好自己，他们总吹嘘自己再也不是小孩了。但越是急于证明这一点，就越像个孩子。启蒙运动急于否定神话传说，这就和青少年急于否定自己是小孩一样。大点儿的孩子很讨厌别人说自己乳臭未干，当然"乳臭未干"这种表达也很幼稚。

G. K. 切斯特顿[1]是J. R. R. 托尔金[2]、C. S. 刘易斯[3]和现任教皇共同的思想导师，他既信仰基督教义，又认为这是个神话故事，教义就是碰巧成真的神话。在中世纪的欧洲，神话是异教徒保姆讲给小孩子听的故事。她们是异教徒，和我那位嬉皮士保姆不同。在阉割版的异教徒神话故事里，圣洁的女神变成了公主，父神变成了国王，吞噬太阳招来冬天的怪兽变成了抢走小女孩金球的蟾蜍。在前基督教时代，北欧维京人认为，奥丁会在深冬带给人们礼物，于是将他设定成了一个孔武有力的老人。一些人认为圣诞老人就是现代版的奥丁。[4]这对圣诞老人来说是好消息吗？对奥丁而言是坏消息吗？

成熟的文化对待神话是什么态度呢？或者我这么问："一个大人该用什么态度面对儿时的童话故事呢？"有些人会说，我们必须舍弃这些神话——圣诞老人、奥丁、上帝什么的。这确实很痛苦，启蒙主义和浪漫主义斗争的整个过程中，人们流下了许多泪水。

---

1 英国神学家、著名推理小说作家，著有"布朗神父"系列。——译者注

2 英国作家、语言学家，著有《魔戒》《霍比特人》《精灵宝钻》等。——译者注

3 英国文学家、学者，著有《纳尼亚传奇》等。——译者注

4 托尔·韦伯斯特（Tor Webster）是我在格拉斯顿伯里认识的一名凯尔特人基督徒，他认为圣诞老人就是现代版的捕猎者赫恩（Hern the hunter）。他是他们民族中最强大的战士，会在深冬外出猎鹿。拖回来的猎物浑身是血，还覆盖着雪花，这就是圣诞老人穿着红白衣服的原因。

163

这首诗是浪漫主义诗人华兹华斯在 1806 年写下的：

这尘世拖累我们可真够厉害；

得失盈亏，耗尽了毕生精力；

对我们享有的自然界所知无几；

为了卑污的利禄，把心灵出卖！

这大海，她向明月袒露着胸怀；

这风天，他只想昼夜呼号不息，

如今却像熟睡的花朵般静寂；

对这些，对万物，我们都不能合拍，

都不能感应。上帝呵！我倒情愿

当个异教徒，为古老信条所哺养；

那么，在这片草地上，我就能瞥见

一样的情景，宽慰这凄苦的心肠；

看得见普罗谛乌斯显形于海面，

听得见特里同把螺号悠悠吹响。[1]

华兹华斯认为，现代人的思维会妨碍他看到神明。为了理解他的观点，我们需要一块空白的屏幕。如果你的眼睛没出问题，

1　译文引自《华兹华斯、柯尔律治诗选》，杨德豫译，人民文学出版社，2001 年。——译者注

那么睁开眼就能看到，他就在那里，影子投在白屏上。如果他没出现，屏幕上就应该什么都没有。假如我在圣诞夜醒了过来，走下楼，是看不到圣诞老人的，只能看见我父亲。这么说，只有父亲是存在的，圣诞老人是不存在的。但这个理论也有瑕疵，有些东西明明存在，但我也看不到，比如微生物，比如不公正的待遇，等等。除此之外还有问题，比方说我父亲就在那儿，为了看见他，我得让眼球在合适的位置聚焦。聚焦偏离一米，甚至一毫米，都有可能看不见。如果不知道哪儿是头，哪儿是脚，皮肤什么样，也可能看不到。为了看清这个人，一定要把眼睛的清晰度调好，否则就是一片模糊。同理，如果看得太细，连皮肤上的每一寸褶皱、头皮上的每一处毛孔都看到了，那看到的就不是人，而是个多褶多毛的怪物。如果我们是鱼类，肯定看不到父亲，隔着水我只能看到一个模糊的影子（我猜的），甚至可能完全看不见，因为鱼压根儿没有父亲这个概念。那么鱼能看到什么呢？能看到人形？能看到某种肉食动物？还是一个大致的轮廓呢？也许它看我们就像我们看浮云和雾霭一样，时聚时散。之后我们就变成了闪烁的小点，就像1971年的电子游戏那样。这样想来，影子投在白屏上并不能说明什么，它之所以有影子，是因为人们看到了它。这是某一版的侏儒谣言，这种谣言认为人的行为是由我们体内的小人儿操纵的。我们可以拿吃饭打个比方：进食就是把食物吞下去，送给胃里的小人儿。问题来了，其实你根本不需要用眼睛看。如果我们给盲人的舌头装上探针，连上微缩镜头，一旦探测到小人喜欢吃的东西，就会发出信号。[1]这可不是比喻，而是我们能真切地看到的东西。眼睛和手很类似，前者能看事物，后者能用触摸感觉事物。视觉更像是与环境互动，而不仅仅是观察四周的变化。

1　可参见诺曼·多伊奇（Norman Doidge）的《自变中的大脑》。

这么说，华兹华斯希望在层层海浪间看到普罗谛乌斯也就可以理解了。如果他是在特定的社会期望下长大的，也许真能看到普罗谛乌斯，听到特里同吹响螺号。为什么不这样做呢？虽然马克斯·韦伯也是诗人，但还是更像社会学家（比例大概是1：99）。他认为，为了现代科学牺牲特里同的行为有待商讨：

自从禁欲主义着手重新塑造尘世，并树立起它在尘世的理想起，物质产品对人类的生存就有一种前所未有的控制力，这力量不断增长，不屈不挠。今天，宗教禁欲主义的精神虽已逃出铁笼（谁知道这是不是最终结局），然而，大获全胜的资本主义，依赖于机器的基础，已不再需要这种精神的支持了。启蒙主义——宗教禁欲主义那大笑的继承者——脸上的玫瑰色红晕似乎也在无可挽回地褪去。天赋人权的观念，在我们的生活中也像死去的宗教信仰一样，只是幽灵般地徘徊着。……没人知道将来会是谁在这座铁笼里生活；没人知道在这惊人的大发展的终点会不会又有全新的先知出现；没人知道会不会有一个老观念和旧理想的伟大重生；如果不会，那么会不会在某种骤发的妄自尊大情绪的掩饰下产生一种机械的麻木僵化呢？也没人知道。因为我们完全可以，而且不无道理地这样来评说这个文明的发展的最后阶段："专家没有灵魂，纵欲者没有心肝；这个废物幻想着它自己已达到前所未有的文明程度。"[1]

韦伯认为现代文明的发展分为三个阶段：多神论时期、一神论时期、无神论时期。在多神论时期，普罗谛乌斯会浮现在海面上，特里同会吹响螺号。我们就生活在神话氛围里，池塘里有美丽的仙女，天上的滚雷是诸神在打保龄球。一神论可谓一种觉醒，它把仙女、精灵都赶了出去，用唯一神取代了他们。到了最后，信仰一神论的清教徒又以科学作为武器，瞄准了仅存的神话——上帝，并摧毁了他，从此世间再无神话。最初我们有宗教信仰，而今却深陷卑劣的物质文明中无法自拔。他认为我们就像维特根斯坦说的，上屋抽梯，然后就被困在了这里。

你可以说我们依然相信神话。有一次，我在学术会议上听到老教授蒯因粗声粗气地说，心理学就是生物学，生物学就是化学，化学就是物理学。奇怪的是，他还曾在书里写道，我们相信的东西除了感觉就是神话。

"从现象学的概念体系看，物质对象和数学对象的本体都是神话。神话的质量与相关性有关，这里的相关性是认知论层面上的。这种观点只是众多观点中的一种，对应着众多兴趣与目的中的一类。"蒯因听起来好像很宽容，但他所谓的"众多兴趣与目

---

1 译文引自《新教伦理与资本主义精神》，马克斯·韦伯著，于晓、陈维纲等译，三联书店，1987年。——译者注

的"种类非常少，基本局限在物理和数理之间。在此基础上拓展，可以说我们相信的是高阶版的神话，我们相信人类一定能够认识自然、操控自然，相信股票市场，相信一定会有稳定的工作。神话就像前面讲的公地悲剧一样，它们在社会中都有存在价值，并不是可有可无的。神话本是仪式和礼节的集合体，反过来又让我们以独特的方式再经历一次。它以节日为标签，记录季节的变迁，以舞蹈狂欢的形式令我们放慢身体的步调。以神话为中心的社会，总会有宴会，吃、聊、唱能拉近人与人之间的距离。仪式能把我们拉回到罗马尼亚比较宗教学家米尔恰·伊利亚德（Mircea Eliade）所说的"那个时候"（illo tempore）。新年的前夕，总是那样乱糟糟的，这是为了还原宇宙初创前的混沌状态；新年总是伴随着更替；洗礼总是象征着新生。神话中包含着想象力，就像经历了脑出血的泰勒夫人一样，身处神话中能够感受到自身与世界的边界正在融化，最终实现天人合一。圣诞老人的神话就包含了这些仪式——庆祝冬天来临、唱歌、吃东西、收礼物。

神性覆灭，华兹华斯备感凄凉，韦伯愤世嫉俗。但他们何不干点儿别的呢？干吗不让自己的孩子去相信圣诞老人呢？从多神论到政教分离，韦伯将这段历史发展过程称为"祛魅"（Ent-Zauberung），或者"Zauber"（"Zauberer"就是巫师）。"Zauber"一词源于古英语里的"teafor"，意思是"红色染料"，因为古老神秘的符文总是红色的。我们为何不让红色再次流行起来，用它给圣诞老人置办一身行头呢？为什么不去相信圣诞老人呢？

　　你怎么看？

ME AND YOU

第五部分　我和你

13

生命之树上的树屋

　　其实拉伸肌肉和拓展思维是一个道理，要慢慢来才不会抻到自己。前面我们讨论了很多圣诞老人存在与否的问题，对现代人而言，这就是一次思维拉伸运动。我们有没有可能再把童话拾起来呢？那些仪式和幻想能带给我们愉悦吗？我们能在生命尽头找到存在的意义吗？

　　对于现实和人类思维之间的关系，到目前我们的结论是：任何一刀切的理论都是错的。如果现实真像逻辑学家想的那样，那你确实能一招鲜吃遍天。但如果现实是我想的这样，我可没法给你一套万能理论。我能做的，只是告诉你这些理论是怎么影响我的生活的。既然看了书，你就要根据自己的生活去选择。我只能帮你到这儿了，因为书看到这儿，某种程度上我已经成了你的一部分，哈喽！

　　就像前面说的，我哥安迪在我出生前死于唐氏综合征，所以从小到大，家里总是笼罩着一种难以名状的悲伤。虽然没有挑明，但家里人都认为人生是没有意义的，因为没有明说，所以要反驳就更难了。我们既不信上帝，又不信圣诞老人。我曾经特别怕死，而且总是孤苦伶仃，有时又觉得无所事事特别惬意。和幽闭恐惧症正好相反，我猜可能我得了幽闭强迫症。我喜欢藏进又黑又深的衣橱，把自己埋在冬天的大衣里，这时我才能感受到自己的存在。

现在我长大了，回头再来讲这些，可能对从前的我不太公平：我能告诉你从前的我是什么样子，但从前的我没法告诉你现在的我是什么样子。从前的他造就了今天的我，我能理解他，也为当年的疑惑找到了许多答案，不过估计他还是觉得我在加州温暖的阳光里堕落了吧。有时候成年人会将未成年人看作洪水猛兽，当然这是相互的。对狼人来说，人也是怪物——这些家伙居

然在月圆的时候都不变身（站在狼人立场，人家说得也没错）。

但无论如何，历史终归还是胜利者书写的。如果过去的我不想长大，最后也怪不得别人。现在的我已经取代了过去的我。话说回来，过去的我有两个问题：一是感受不到爱，二是找不到解释万物的理论。这两个问题，过去的我最终都没有找到答案。我也能找到爱我的人（这方面我做得还不错），但我总是对死亡和无意义感到不安，这份不安摧毁了我的感情。真正的感情需要相互尊重，但那就是一团不断自我复制的分子啊，你要我怎么去尊重她呢？而且为何人类要存在，宇宙要存在呢？不过谢天谢地，这些事儿都不由我。我的身体里有一半认为生命、追寻真爱、宇宙都很重要，而另一半认为没什么是非存在不可的。如果从认知角度来看，唯物主义、一元论的印度教、佛教，这些我钟爱的理论都没能真正对生活（包括我的生活）起到过帮助。如果我和我女朋友都是原始意识，或者是道教徒，或者干脆就是一堆原子，那我该怎么说服她和我私奔到新奥尔良去写小说呢？

回过头看，过去的我如此挣扎都是因为渴望某种联系。在智力上，我试图建立一套完整的哲学理论将宇宙万物联系起来；在情感上，我渴望和他人产生联系。但在内心深处，我觉得两者其实是一回事。我想去了解这个世界，我不想这么孤单，但我本身就是失联的状态，所以不知道怎么把这些愿望合成一个。

横向看，我和同辈的人没有联系；纵向看，我和祖辈也没什么联系。为了摆脱东欧贫困的生活，我母亲和祖母都从传统的犹太家庭中脱离，来到美国。我的祖父沃尔夫（Wolf）和祖母格西（Gussie）都出生在加利西亚[1]，操着一口意第绪语，要跟他们交流太难了。如果有一台时光机把他们送回摩西时代，他们肯定也能适应。但我父亲和我可适应不了，虽然光明节我们也点蜡烛，但我们并不认为世界是由仁慈的上帝创造的。这不仅因为我们失去了安迪，更因为每天你都能在《纽约邮报》上看到"宠物蛇出逃吞下婴儿"之类的故事。如果上帝真的存在，怎么会发生这种事呢？

　　大学毕业后，我在曼哈顿打了一段时间零工，午餐时间可以去图书馆。在那里我接触到格尔辛姆·肖勒姆（Gershom Scholem）的犹太密教。为什么世界上会有我哥这样的唐氏综合征患者，会有蛇跑出来吞食婴儿，而仁慈的上帝依旧存在？根据对艾萨克·卢里亚（Isaac Luria）的研究，肖勒姆是这样解释的：

　　如果上帝"无处不在"，那么异于上帝的东西都在哪儿呢？如果没有异于上帝的东西，那上帝又是怎么从无到有创造出世界的呢？……卢里亚认为，上帝为了给世界腾出一些空间，而被迫放弃了一部分自我。这是一种神秘的原始空间，为的是在未来创造和启示的时候重回人间。

1　中东欧旧地区名，历史上曾为奥地利的一省，现属于波兰东南部。——译者注

根据卢里亚的观点，迄今为止我都活在上帝漆黑的柜子里：黑是因为他把灯关了，为的是人类有一天能把它打开。这观点真有趣，这个艾萨克·卢里亚是谁呢？为什么之前我都没听过？

要解释他是谁很简单：他是一名卡巴拉学者（Kabbalist）[1]，在西班牙驱逐犹太人的时候他还在以色列卖辣椒。他在尼罗河边上的小木屋里冥想了十二年，之后回到了以色列，在加利利的萨法德市给一小群学生上了一年半的课，三十八岁时和家人死于一场霍乱。我之所以没听说过他，有两个原因。对犹太教改革派来说，他可谓一个中世纪的疯子，在转世问题上胡言乱语，推崇多重宇宙和多重灵魂；他关于上帝的看法很古怪，认为上帝是反犹太教的代言人。但正统的犹太教派认为他圣洁而富有洞见，因此称他为神圣阿里或"神圣的雄狮"，但也认为他十分危险。这么说也有些道理，他的思想曾启发了阿莱斯特·克劳利（Aleister Crowley）这样的邪恶巫师，进而影响了杰克·帕森斯（Jack Parsons）这样的飞行先驱，再进而又对邪教领袖 L. 罗恩·哈伯德（L. Ron Hubbard）产生了影响。此外还有更加激进的"先知"内森（Nathan of Gaza）之流认为只有犯罪才能得到救赎，声称古怪的沙巴泰·泽维（Sabbatai Zevi）才是复国主弥赛亚。到沙巴泰为了活命改信伊斯兰教之前，"先知"内森吸引了三分之一的犹太教跟随者。在经历了这场惨败后，正统派的捍卫者只能将阿里的

1　指研究犹太密教的人。

教义雪藏起来。要想学习他的思想，你必须先结婚，生俩孩子，是正经的学者，还必须年过四十。

随着时间的推移，我成了喜剧编剧，结了婚，成了家（我儿子的名字"阿里"就是这么来的），但这个没能解决的问题就如同附骨之疽，从少年时期起就一直伴随着我，现在仍然时不时冒出头来。就在备感空虚的时候，我遇到了一位来自耶路撒冷的老师，他称自己是阿里思想的正统研习者，名叫亚伯拉罕·萨顿（Avraham Sutton），是居住在洛杉矶的叙利亚犹太人。在萨顿老师那里，我开始学习阿里思想，跑到以色列萨法德，在他的墓碑前痛哭流涕，星期六不再开车，戴着大大的基帕（kippah）[1]出门，吓坏了不少亲戚和同事。五年后我开始写这本书，虽然周六依然不上班，但已经不再戴基帕出门了。我的思维变得更加多元，不再那么容易受到惊吓，越来越符合美国的主流价值观。但你心中肯定还是存有疑问：凭什么说现在的我就比过去的我更强呢？也许过去的我才是对的，现在的我已经开倒车了。可你更愿意相信谁的话呢？（很遗憾，无论哪个时候的我都挺自恋的。）阿里曾是我的一部分，现在你读到这里，他也变成了你的一部分。我们都想在现代生活中给圣诞老人找个合适的位子，从更广义的角度讲，我们希望能将古代思想和现代思想相融合。在这方面阿里能帮上忙，他的思维就是一个大杂烩，跨越了神话和逻

---

1 犹太教男子戴的圆形帽子，以表示对上帝的尊敬。——译者注

辑的界限。这就是说，如果你想用哲学分析来攻击他的思想，他会从你的指缝间悄悄溜走。但如果你带着所有的思维、想象和情绪一头扎进来，他能告诉你如何将这些东西连成一片。

我们就从阿里口中的"存在"讲起吧。卢里亚称其为"无界限"，阿拉米语[1]中写作"Ein Sof"，说得更学术点儿就是"无限"。我们找不到能够与之对应的东西，如果真的有这种东西，那么这样东西和"无限"之间肯定会有界限，"无限"就不再无限。这确实很难想象，我们总得通过什么东西来区分一下，但又没有这种东西。从定义上看，无限中包含着一切。它是一个空泛的集合体吗？不，无限中包含着思维、想象、可能性、一切物质诞生的母体，还有数字，等等。

艾萨克·牛顿也学习过卡巴拉。英国哲学家约翰·洛克说牛顿曾告诉他，上帝为了创造世界腾出了一些空间，这就是典型的卢里亚的卡巴拉学说。在开创现代物理学和微积分之前，牛顿曾耗费数年测算过耶路撒冷圣殿的比例。但只有卡巴拉学者才会关心这种问题，他们将圣殿看作多重宇宙和多重精神世界的象征。

在谈到无限问题时，牛顿写道："我不知道世人是怎么看我的，可我自己认为，我好像只是一个在海边玩耍的孩子，不时为拾到比平时更光滑的石子或更美丽的贝壳而欢欣鼓舞，而展现在

---

1 阿拉米语是阿拉米人的语言，也是《圣经·旧约》后期书写时所用的语言和耶稣基督时代犹太人的日常用语。——译者注

我面前的是完全未探明的真理之海。"

严格来说，从逻辑的观点来看，讨论无限是毫无意义的。这是一个我们理解不了的概念，所以也就不该去思考它。正如弗兰克·拉姆齐（Frank Ramsey）对维特根斯坦所说的，如果你说不出来，那就是说不出来，吹口哨也不行。相对地，受到过去观念的限制，我们曾说现实是有限的，那会儿就是错的。

该怎么解决这个矛盾呢？我认为，所谓的无限，就是所有人拓展自己思维局限的总和。

比方说，你小时候读了很多布莱克、华兹华斯和雪莱的浪漫主义诗歌，认为整个世界都生机勃勃，人类亲密无间。直到有一天你遇到了安·兰德（Ayn Rand），她是利己主义小说的发起者，认为整个世界就是一部冷冰冰的机器，只有以真诚的态度对待他人才能得到救赎。认真研究她的小说，你的世界会被彻底颠覆，从此你会用一种截然不同的方式来看待他人和现实世界。在读过很多书、多次彻夜恳谈之后，可能你会接受她看世界的方式，她拓展了你的思维，打开了一扇门。但即便这样，如果哪天你遇到一个货真价实的牛仔，照样会被杀个措手不及。牛仔可不会像你俩一样，他觉得你们在城里生活太久，读书都读傻了，完全忘了生命里最重要的应该是四季更替、窗外的牛群；是懂得修理机械，懂得如何在恶劣天气下生存。诚然，安·兰德为你打开了一扇门，但它并不能让你在遇到牛仔时有所准备。那么接下来又要遇到谁呢？举止优雅但话里带刺的加纳王子，还是精通如何让议会通过法案的纽约政客？你会有机会和海龟交流吗？谁也说不好，宇宙是无限的，你不知道你的界限在哪儿，也不知道没有界限是怎样的感受。除去了世间所有的界限之后，剩下的就是无限。它是看不见摸不着的。不是说很难摸到，而是根本不可能摸到。如果你要去抓什么东西，就意味着你能掌控它，但在这广阔无限之中，我们只是极小一部分。你可以拿无限与宇宙本身作比，宇宙包含了一切，既包含存在的一切，又包含一切的可能，甚至包含其他宇宙中的存在与可能。

还是没太明白对不对？只让我理解无限，我也理解不了。我想拿它和看得见摸得着的东西做个比较。阿里说，可以，你可以拿它和三样东西做比较——树、人和家庭。

阿里很喜欢树。他发明了 Tu B' Shvat，即"树之新年"。在伊甸园的故事里，树曾代表永生，他管这套理论叫"生命之树"。你可以看看下面这张埃利诺·戴维斯画的生命之树插画，这样就能更好地理解为何要将树作为无限的喻体了。

首先这棵树是活的，跟人一样。在非概念层面上，我们"知道"什么是生，什么是死，什么是枝繁叶茂，因为我们也会经历同样的过程。其次，树具有分形的自相似性（self-similarity）：树是由树枝组成的，每一枝上的小树枝也与大树枝相似。将这棵树上的任何一部分放大，都能看到无限的细节，就像组成海岸线的

王冠

理解　　智慧

美丽

严格　　慈悲

基础

光辉　　胜利

王国

海湾和半岛一样，它们又各自拥有自己的小湾和半岛，自相似性就这样不断地循环下去，组成一个统一而无限的系统。再次，树的各部分与整体之间是一种动态关系，我们可以通过树将左右脑统一起来看：左脑负责细节，右脑负责"感受整个有机体"。树是垂直生长的，物质和能量根据体内的平衡机制从下到上、从上到下，循环往复。这种循环和我们体验现实的过程也有相似之处，这点我在前面提到过，体验现实需要将认知、想象、情绪和身体全部联系起来。

树上为什么有十个圆呢？这是十个原质（spheres）。原质是生命体内部互联互通的方式，从我们的角度来看，每个原质都是我们寻求无限的特殊途径。这个过程称为sefira，英语中写作sapphire（蓝宝石），希伯来语中写作number（数），但为避免混淆，我将它翻译为"原质"。抬头看看天空，你可以看到无穷无尽的苍穹，你可以想象成一块巨大的蓝宝石。天空是无限的，但根据不同的时间和心情，天空也是多种多样的。原质也一样，它是一种具有个性的无限。那么，原质又是怎么跟数字扯上关系的呢？因为这十个原质有无限种组合方式，就像这十个数字也有无限种组合方式一样。数字可以从十减到二，从二减到一，从一减到零，原质也可以减到两个，最终为零，只剩一道光洒进虚空之中。

再回到我的故事里：我希望能通过思考和世界取得联系，通过情感和他人取得联系，同时还能找到办法把这两种方法联系起来。阿里的原质就是为此而生的，它是这样运转的。有一个原质叫作"慈悲"，我将它翻译为"付出"。宇宙就是以这种状态展现在我们面前的，这种不断的给予可以看作一种礼物。还有一种原质叫作"严格"，有审判、力量和界限的意思，我将它翻译为"划定界限"。"划定界限"指的是那些规范我们探索现实的界限。当我们去理解现实的时候，现实给予我们的东西是无限的，所以我们需要想办法收下它们，消化它们，最终带上它们继续生活，这时就需要划定界限。所以，就像这棵树一样，我们成长的过程也是在圆圈间交替扩张，最终趋于稳定。经过适当的自我分析，你也能对自己进行剖析，找到自己的圆圈了。

"付出"和"划定界限"也可以用来解释人与人之间的关系。如果我们说某个人的人际关系很糟，也就是说他"界限划得不太好"。我们的生命中有付出的时候，也有克制的时候，所以就有可能出现这种情况。在与他人的相处中，为进一步发展，我们总要在两者之间拉拉扯扯。难道我们永远都要像精神分裂一样拉扯下去吗？永远都要暧昧地在爱与界限间来回摇摆？不，其实有一个动态的最佳平衡点，用阿里的话讲，这就是另一个"原质"，即"美丽"，但我将它翻译为"付出与得到"，它能把事情完美地解决掉。

这和威廉·詹姆斯的笑气之旅不同，但也有一定的相似之处。

与罐子里的笑气一样，这也是个看不见、摸不着的理论。我永远都不知道"付出"和"划定界限"的平衡点在哪里。但不是说我们无能为力，我们可以在二者间选取自己的平衡点。阿里建议我们向"付出"那头多倾斜一些。虽然整个世界有爱，也有限制，但我们总想要更多的爱，所以不妨再多付出一些。

虽然我想不出怎么解决这个矛盾，但答案其实已经早早在我们身体里尘埃落定了。就拿犹太人系鞋带来说吧。我曾祖父曾是奥匈帝国皇帝的林务官，我总是很好奇他怎么当上的。为什么皇帝要让一个犹太人来管理森林呢？后来我去萨法德瞻仰阿里的墓碑，遵照仪式洗了冷水澡，周五晚上和几位卡巴拉学者一起吃饭，然后听到了这样的故事。很显然，当初曾有犹太改革派在皇帝耳边进谗言，说陛下应该罢免一些正统派犹太人，他们太迷恋那些毫无意义的仪式了，连鞋带怎么系都要有规矩。这番话反而激起了皇帝的好奇心：如果连系鞋带都有规定，他还真想瞧瞧这些人。可能他认为按规矩系鞋带的人，干别的事照样也有规矩吧。无论这个皇帝当时是怎么想的，反正他给正统派的人安排了一些职务，其中就包括我的曾祖父。

系鞋带有什么特殊规矩呢？其实这是阿里教育的一种实际应用或操作。首先套上右脚的鞋，因为在生活中"付出"更重要；再套上左脚，代表着要"划定界限"。系鞋带要先系左脚，这样生活才不会受到外界的限制，最后系右脚，代表要有更多付出。这就是阿里教育的关键，他将原质系统在特定的仪式中具象化了。在理解原质的时候，我们想将思维、想象和身体糅合起来，它们最终就以精神化、想象化、仪式化的方式展现出来。

就像罗素的类型论一样，原质也是一个无限的分形系统："付出"之下有"划定界限"，"划定界限"之下也有"付出"，"付出"之下的"划定界限"下还有"付出"。

这套系统要怎么运转呢？假设有个朋友要找我借钱，我也打算借了，这就是一种典型的"付出"，因为一大笔钱就要流进他的账户了。那么我有"划定界限"吗？如果我只借给他一部分钱，当然算划定界限了。他要的数额我没全凑出来，就是说，我在"付出"之下"划定了界限"。如果他要什么我就给什么，把自己掏个空，就是"划定界限"之下的"付出"。假如这时脑海里有个声音一直跟我说能给多少就给多少，这就是"付出"之下的"划定界限"下的"付出"了。就我个人而言，付出一定要划好界限。如果付出太多，对方会觉得尴尬。这是一种"付出"下的"划定界限"下的"划定界限"下的"付出"。很复杂，对吧？其实这个过程是无限的，因为经验总是越来越深入，这个过程会因此变得更复杂。

假如说简把乔打了一顿，她问："乔，你能原谅我吗？"乔说可以，这就是一种"付出"。但我们都知道，乔这么说可能不是真心的，而简也知道乔不是真心的。所以她可以再问一次，他也会再回答一次。从理论上讲，简可以问无数次，为了修复两人的关系，乔也可以回答无数次。其实我们确实不能对次数做出限制，如果简知道上限就是七次，乔也原谅了她七次，她就会想：回答的次数是已经定好的，乔是不是真原谅我了呢？

就这样，"付出"这个原质就无限循环下去了。但为何说原质和原质之间的关系也是无限的呢？因为乔并不是每次都会"付出"，说"好，我原谅你了"。有时他会以"划定界限"的方式说："我不能原谅你。"有时他会以"付出与得到"的方式说："我们来解决这个问题。"这些回答方式都会伤害简的感情，然后乔还要再去向她道歉。此时简的回答可能是这三种中的任何一种：我原谅你了；我不原谅你；我们来解决这个问题。"划定界限""付出""付出与得到"之间的轮转也是无限的。睁眼看清楚吧，原质间的轮转无处不在。

但如果你只去抓一个原质，很可能会扑个空。我有位朋友多年来一直想要个孩子，但他两个哥哥都没孩子。于是他有些担心，如果自己因为有了孩子而得到幸福，算不算是在批判哥哥们的生活方式呢？你可以说，他对哥哥们"付出"得太多，"界限"划得太少。但是为了不给哥哥们"划定界限"，他给自己划了许多界限，追求幸福的动机明明非常单纯，他却用"界限"把自己框死了！这种单纯的"付出"到头来适得其反。这种情况其实十分常见。就像文化相对主义本意是善良的，它主张避免将殖民主义强加给其他文化。但如果女性因为拥吻就被乱石砸伤，而西方文明为了表现善意而不去评判，那么这种不作为也是一种罪恶。

前面研究看苹果问题的时候，我们讨论过对应理论。我认为阿里的理论把对应理论又向前推了一步，这才是一场史上最大规模的游荡者游戏。对应理论把我们放置在宇宙之外，再拼出了一幅完整的画面。若画面不够完整，只能说我们的想法还不够清晰，还要进一步澄清。在阿里眼中，我们就是四处蔓延生长的大树。思考越深入，枝叶就伸展得越远，思考不会减少生活中的矛盾，矛盾反而与日俱增。但只要用对了方法，且能在矛盾下安然自若，结果一定不会是一团乱麻，最终，我们只会有丰富的阅历，能与更多形形色色的人交谈。若阿里是对的，我们就能理解为何人一生会经历这么多矛盾了。当然，我们最终也不知道直觉和理性的平衡点在哪里；不了解对人应该掏心掏肺还是有所保留；不知道谦逊是真谦逊，还是一种变相的炫耀；不知该如何向现实妥协，或是如何去感受、去思考。阿里让我们明白，为什么问题这么多，答案却这么少；为什么我们能理解矛盾，却拿不出解决办法。我们就是那繁茂的生命之树的一根枝条。矛盾并不等于问题，它代表着成功。

14

面对什么

雷蒙德·斯穆里安（Raymond Smullyan）是一位逻辑学家，也是一位道教徒，佛的故事也讲得非常好。他说一次佛祖来到镇上，给每人一个发问的机会。有个人不想浪费这次机会，再三考虑之后问道："最好的问题是什么，答案又是什么？"佛祖回答："这就是最好的问题，同时也是答案。"

受这则谜语的启发，我也编了谜语：

问：它通常给问句做开头，但也能给答句做结尾。那它是什么？

答：什么。

这就是答案，"什么"（what）这个词通常是问句的起首，但在这则谜语中同时也是答案。

在德国哲学家里我最喜欢马丁·海德格尔。有次他提出这样的定义：人类，就是会拿"这是什么"当回事的生物。他将人类称为 Dasein，德语中意为"此在"（there being）[1]。也许他应该称我们为"何在"（where being），因为在阿里的观念中，为更好地了解自己，我们不会去下定义，而是会不断提出更深层次的问题。"我是什么"也不是能随随便便说出口的，依据定义来看，我们就是那种会问"这是什么"的生物。

阿里将智慧称为 Chochmah，卡巴拉学者将其拆分为 koach ma，意为"'什么'的力量"。到目前为止，我们讲了原质，讲了无限，讲了我生活中的快乐和悲伤。书读到这里，这些故事也成了你的一部分，然后你会抛出一个大问题："这又能说明什么？"

我们该怎样看待"无限"呢？也可以换种说法，如果现实真是无限的，那么我们的生活就是在与界限抗争，有时能跨越界限，有时候会被它绊倒。那么我们该怎么做呢？该如何看待界限这个问题呢？在心理学上，我们通常都是在认知层面上看局限的：它是我们思维或大脑中的小模块，会让我们对时间产生错觉，听到两种相似又完全不同的声音。再换个角度，如果我们去看动物，它们是被划分在人类界限之外的群体；如果你去看精神病患者，他们是被划在健康人界限之外的群体。这些都是界限，那么它们的界限又是什么呢？我们又是什么呢？

---

1 海德格尔在《存在与时间》中提出的哲学概念。——译者注

"什么"就是我们面对的问题。什么存在？什么是重要的呢？来看看这个很简单的句子："我们面对的是'什么'。"这里面包含了三个关键点。一是"我们"是什么？关于这一点，前面我讲了一些自己发疯的小故事，有些可能会引起你的共鸣，有些不会，这样就组成了一个"我们"。二是"什么"是什么？这个问题我们已经在哲学和科学的范围内探讨过了。阿里真正关心的是第三点：面对。既然是问题"什么"在面对我们，那我们就来探讨一下这张脸的问题好了[1]。

我们能这样说吗，说无限其实有一张脸？这是不是既侮辱了现代思维，又侮辱了古犹太教反对偶像崇拜的戒条呢？这样算不算开倒车，又退回去讨论隐形超人在空中飞的问题呢？我们是否已经彻底放弃现代思维，重新拥抱神话传说了？

让我们先来看看"拥抱"这个词。头脑是用来想象的，手臂是用来拥抱的，"想象"一听就是精神上的，"拥抱"一听就是身体上的。人们会说，我们的双臂可以拥抱现实，头脑可以进行想象。这就是十个原质会排列成人形的原因：比如，"付出"和"划定界限"就是这个人形的双臂，可以拥抱他人，"付出与得到"就是那颗心。顺带一提的是，"想象"在拉丁语中就是"抓住"的意思。"无限"是无限的，这种距离就像认知能力与四肢之间的距离那么遥远。换个角度看，假如无限真的是

---

1 面对和脸为英语中 face 的一词多义。——译者注

无限的，它肯定能给自己划定界限。要是划不出来，只能说它也有局限。

那么脸呢？再来看看戴维斯女士画的另一幅树的插画。

天上有一张脸，树上也有一张脸。这些脸是否都是幻觉呢？这棵树是真的吗？不，它不是真的，它只是涂在纸上的墨水而已。这两张脸也一样不是真的。

阿里认为，"脸"是"无限"在人类意识中的一种具象化，与老派卡巴拉学者相比，这是他的一个创新，为此他也备受启蒙主义者和正统派犹太人的质疑。用韦伯的话来说，这两派认为还有更深层的含意。在启蒙主义者看来，假如现实有张"脸"，它就是我们儿时需求和欲望的投射。在正统派犹太人看来，假如说上帝有张"脸"，就违反了"十诫"的第二条。[1]当涉及上帝实体的问题时，卡巴拉学者们就要当心。有一位差点儿被逐出教会的意大利翻译兼拉比摩西·卢扎托（Moshe Luzzatto）认为，阿里并非在搞偶像崇拜：

（原质）既能发散光束，也能收拢光束。虽然它没有实质的形态，但却能以多种不同的形态显现，看到的人会误以为这就是

---

1 "十诫"其二：不可为自己雕刻偶像，也不可做什么形象仿佛上天、下地，和地底下、水中的百物。不可跪拜那些像，也不可侍奉它，因为我耶和华——你的上帝是忌邪的上帝。恨我的，我必追讨他的罪，自父及子，直到三四代；爱我、守我诫命的，我必向他发慈爱，直到千代。——译者注

192

它本来的模样，但其实它根本就是视观察者而定。"在先知的手中，这即是众生画像。"(《何西阿书》)在实质上看来，原质只是按顺序排列的各种力量，它们之间相互依靠，相互影响，根据目标不同进行排列。

卢扎托认为，当我们试图理解"无限"，脑海里浮现的画面并不是其本来面目，因为它根本是无形的。无限本身具有无限性，但"看起来像某某"就是一种局限，会受到某种特定思维或特殊视觉的局限。

神经科学已经开始着手解决这个问题了：为什么有时候我们会对脸做出反应，有时候又不会呢？神经科学家斯蒂芬·伯吉斯（Stephen Porges）在他的多层迷走神经理论（The Polyvagal Theory）中有相关表述，还提出了著名的"迷走神经悖论"（vagal paradox）。神经科学认为，复杂的大脑皮层进化比较晚，在它下面还覆盖着一层更古老的神经系统，从头顶到屁股全都在它的控制范围内。其中最长的一根分支神经就是迷走神经，它将颅骨、脸部、咽喉、心脏与肠道勾连在了一起。迷走神经会在"休息和消化"时降低心率，甚至造成心动过缓。多层迷走神经能够从头顶延伸到各器官，有两条不同的分支：一条的反应比较快，神经细胞的轴突与髓鞘是分离的（有髓迷走神经）；另一条反应比较慢，轴突与髓鞘没有分离（无髓迷走神经）。

要是再算上交感神经，人就有三条神经通道，在平日生活里都有它们各自的功能。

首先是无髓迷走神经，它会在我们遭遇终极危险时启动。比如，有一条时速65千米的大白鲨正朝我们游过来，眼看就要把我们一口吞下，这时我们会尽可能地降低新陈代谢，用假死的办法渡过这次危机。当然，如果我们是缓慢的爬行动物，这样做当然没问题。但我们是哺乳动物，对能量要求很高，新陈代谢突然降低很可能会死。

其次是交感神经，同样是在受到威胁时启动。我们会在"战斗或者逃跑"之间选择，不会直接拉闸断电。到这会儿，思维会

变得紊乱，让我们想不清前因后果。同时，我们的面部表情会变得僵硬，无法表达内心微妙的情感，也察觉不到别人脸上的细微变化。此外，我们会分辨不出人声，对自己的声音也会失去控制，放声尖叫或哑然失声都有可能。有时，所谓统治的艺术就在于民众聚在一起，再让他们用交感神经来思考。

最后是有髓迷走神经，它是交感神经上的"刹车装置"。在这种状态下，我们能顺利控制自己的面部表情和声调，可以玩闹、欢笑、交流。有髓迷走神经就是掌控吸收能力的，根据艾萨克的解释，一位卡巴拉学者在阿里出生前一百年就提出，最高级别的原质不是知晓的能力，而是吸收的能力。有髓迷走神经还会牵动耳骨，减弱轰隆隆的噪声，或放大高频率的声音。我们是特别胆小的哺乳动物，这是我们暗中进化出的一套收音设备，恐龙之类是没有的。

哺乳动物进化出了中耳，在交流时不易被其他爬行动物察觉，还能听到更低频率的声音。耳部肌肉缩紧，会扯动听骨链，以便听到低振幅、高频率的声音。这种机制既能屏蔽频率过高的噪声，又能屏蔽掉人声之外的背景杂音。

现在，我们已经能通过牵动中耳的耳骨，自动切换这套收音设备了。

为了进行正常社会活动，我们的听骨链缩紧，中耳改变了声

音传导方式，在抑制低频声的同时，提高抓取人声的能力。但这种选择也是有代价的，要捕捉到掠食者的低频声音就很难了。[1]

有髓迷走神经只会在安全状况下启动，比如待在屋里或洞穴里，而看到恐龙、吓得魂飞魄散时就不管用了。在有髓迷走神经模式下，我们可以分辨声音，看清脸庞，但模式切换后，我们就听不见也看不见了。

在现代神经科学的体系下，这张"无限"的脸，就是在有髓迷走神经模式之下感知到的。我们说上帝也有张脸，并不是说你向窗外看看，就能看到一张巨人的脸正盯着你。

那样就太诡异了。我是想说，生活中的事物都能以第三种方式相互连接起来，这是一种含蓄、温和的情绪潮涌。我们能听到上帝之声，却无法理解其中的含意。我们能感知这种存在，就像看见一间空屋，但你知道主人还在。我们冥冥中能感受到，宇宙就是我们的家、我们的洞穴、我们爸妈的衣橱。

在我看来，现代神经科学和16世纪犹太密教虽然说不上雷同，但也一定有相似之处。之所以相似，是因为两者出发点都是人类渴望了解自己，都想避免笛卡儿式的错误。他们都认为人是统一体，认为知识就是记录生活的不断演进，而自觉是演进中的

---

1 引自斯蒂芬·伯吉斯著《多层迷走神经理论：情感、连接、交流和自我调节的神经生理基础》。——译者注

一个阶段。只不过阿里的理论体现在意识的增进上，神经科学则是从物质结构角度进行诠释，以说明我们机体的左右两侧（两个脑半球）是如何运转的，比如在与环境交互时，哪条是高反馈回路，哪条是低反馈回路。

伯吉斯是一名无神论者，他会说："动用有髓迷走神经时，

认识事物就像在识别人脸，这是一种错觉。它明明是用来感受现实存在的器官，我们却用它来感受不存在的东西，这在本质上就错了。"但艾萨克·卢里亚会反驳："为何通过大脑皮层认识世界就更合适，通过大脑边缘系统就不行呢？如果说认识事物是人脑与生俱来的功能，那我们到底该怎么读取人脸上的表情呢？是分辨安全或危险？还是读取二进制？还是识别三维物体在时空中的排列次序？我们怎么知道这张脸何时哭，何时笑，何时跟我们开玩笑，何时紧皱眉头，何时与我们交谈呢？"

如果没有大脑和眼睛，我们什么也看不见；没有大脑和耳朵，我们什么也听不见。但每个人使用这些器官的方式不同，即便有了大脑，我们看到和听到的东西也千差万别。在受惊状态下，我们是不会对人脸和人声做出反应的。如果像笛卡儿解剖小狗那样残忍，我们就不会对动物的脸做出反应了。若我们沉浸在恐惧之中，不仅动物的脸，对人脸也不会有反应。那些身患孤独症的人，也不会对他人的脸做出反应。阿里认为，信仰唯物主义的无神论者在这个问题上就像孤独症患者，他们屏蔽了生活里"无限"存在的各种征兆。

如果你说"无限"与人完全不相似，那我有个问题：怎么活着才算像个人呢？我们像人吗？狗像人吗？假设我想找个人滚床单，当作单纯的休闲运动，那我只需要一个舒压的垫圈就行了。这都算人的话，怎么不能将宇宙拟人化看待呢？这里说的拟

"人"，指的是机体层面的人。假如我们就愿意把自己当动物，这时将宇宙拟人化是不是就等于宇宙动物化？"无限"和动物相似吗？如果这样说，动物的一生都在不断探索进化，那"无限"当然算动物了，为了获得"有限"，最好的方法也是不断探索。如果我是一个浪漫主义者，在我眼中其他人都是谜题，那么"无限"也是一个谜题。如果伴侣就是与我一道探索世界的同伴，那么拟人化的"无限"也是我探索世界的同伴。

有人会说，我不认为自己跟事物、生活、宇宙有什么联系，在面对现实时不是抗争就是逃跑，我们不会用有髓迷走神经去交流、嬉闹、倾听，或对面部知觉做什么反应。只有人才有脸，事物是没有脸的。

但人类真的有脸吗？我们确实有肌肉、皮肤，脸上也有几个窟窿能吸收光线和食物。但人只有在面对面交流时，脸才是存在的。同理，"无限"的脸也只有在和人类意识互动时才存在。可能你想画条曲线统计一下，结论却是"无限"总是毫无计划、彻底随机地出现。为什么呢？因为随机会受到更多的限制，随机性和秩序性是人类意识演进中两种迥异的结构。

那么，上帝存在吗？有一种信仰上帝的观点认为，你可以给世间的万物列个清单：沃尔沃、吉士汉堡、山丘、夸克、中子星……在这张清单的最上方会有一个创造这些东西的人，那就是上帝。但阿里不信这套，他认为这是一种对上帝的限制，要想描述上帝，最准确的说法应该是：上帝是无限的。他认为上帝不该出现在这张清单上，这听上去更像无神论者的说法。还有一种观点说，有髓迷走神经适用于对某些上帝以外的事物做出反应，其中包括人类、动物和生活经验。阿里更赞同这种说法。

如果"无限"确实有张脸，那"矛盾"又该怎么解释？阿里关注的是两张特殊的脸，直译是"长脸"（Arikh Anpin）和"短脸"（Zer Anpin），在这里，"长"是指"长期经受的痛苦"，所以我改译为"友善的面孔"和"挑战的面孔"。阿里用这两张脸解释了罪恶问题：如果世间真的有无限的力量和善良的初心，那《纽约邮报》上那些恐怖的新闻是怎么来的？甚至，你会想质问这种力量："你怎么能这样啊？"

卢扎托认为，如果世界上只有欢乐，我们反而会羞愧不安。我们不希望受到牵制，如果外界把欢乐亲手交给我们，反而会增加不必要的牵制感。可以说，我们要的就是喜忧参半的生活，这样说可能不太好，但生活里必须有点儿可以搞砸的事。

马塞尔·普鲁斯特曾发表如下观点：

我们需要重新发现、理解，要对现实有充分的感知，要远离生活中的闲言琐事，这是一道深渊，我们很容易在对生活的一无所知中死去。

普鲁斯特提醒我们，生活就是一场冒险，我们会被琐事缠身，对生活的真相一无所知。亨利·詹姆斯（Henry James）曾在《丛林猛兽》里提醒我们，琐事并非唯一耗费生命的方式。小说主角马切尔先生固执地认为，自己生命中一定会发生了不得的大事，却完全没注意到他的至交好友终其一生都爱着他，而当他意识到时，为时已晚。当她去世后，他才恍然大悟，为了等待这件了不得的大事，自己的一生都虚度了。

我们在担心自己虚度人生的时候，就是"无限"在用"挑战的面孔"面对我们的时候。并不是说有什么超现实的存在对我们生气，而是为避免一败涂地，我们在不断地权衡生活。这种"生气"其实是一种失望。面对"挑战的面孔"就像面对脾气暴躁、疲惫不堪的父母，他们想让我们做好数学作业，想让我们别欺负妹妹，他们会对我们的行为失望、愤怒。其实，不必去想象有个巨人像看虫子一样看着我们，只要我们依然过着碌碌无为的生活，总有一天会与"挑战的面孔"相遇。我们选择逃避，灵魂就会接受挑战。

但当我们闻到草地的清香、呼吸新鲜空气、凝视他人的时候，其他什么也不用做。单纯的存在就已经足够美好，不须大费周章，不必过关斩将，这就是"友善的面孔"。每当我们庆幸自己还活着，对世界充满感恩时，就是在面对"友善的面孔"。

"友善的面孔"和"挑战的面孔"之间又是什么关系？就像

我们也有生气和高兴的情绪，它们只是对事物的两种不同的情绪表达。它们不是分裂的，阿里从不觉得事物在本质上是分裂的，因为有分裂就会有界限。就像诺斯替主义说的"天堂里只有一种力量"，母乳不可能又好喝又不好喝，上帝和撒旦不可能一个在天上一个在地下。生活里有充满挑战的时刻，也有友善的瞬间，不过是两种表达方式，（比照人类意识来解释）是"无限"的两种神态、两张面孔、两种态度。

但相对于"挑战的面孔"，"友善的面孔"更贴近现实一些。什么意思？无限要怎么贴近呢？根据阿里的观点（或者说观察、想象），终极的现实就是去感受无尽的喜悦。"挑战"只是我们通向终极的手段。如果对孩子说"我们想要你获得成功，想让你做一个好人"，这时"挑战的面孔"就会显露出来。如果我们说"无论你做什么，我们都一样爱你"，就是在展示"友善的面孔"——后者更真实，也更符合我们真实的愿望。

15

万物的意义

在本书开头我曾说过，如果你刚好不相信圣诞老人，也可以找一件人生中最有意义的事，把它当作你的圣诞老人。

人生的意义，其实是由两个问题组成的："人生的意义是什么？""怎样的人生才有意义？"第一个比较容易，人生的意义在于你想解决哪些问题。如果你家周围被黑社会占领了，那你肯定要做点儿什么。如果你非常聪明，知道如何治疗老年痴呆，那一定要认真钻研。无论是打击黑社会还是治疗老年痴呆，或者其他无数要做的事情，都可以作为人生的意义。但第二个问题就难了："怎样的人生才算有意义？为何人生一定要有意义？为何世界上会有需要解决的问题？为什么会有黑社会和老年痴呆？为什么蛇会吞吃婴儿？"阿里的解释是，只有这样我们的人生可能才有意义，如果人生无意义，活着会很痛苦。只有解决了无数不完美的问题，让世界更加美好，我们才会感受到自身的重要性，才会抹去那一份羞愧与不安。

就像牛顿对洛克所说的,"无限"把自己缩得很小,是为给我们腾出一块地方大展拳脚。但是"无限"的收缩其实是一个矛盾的概念。为了创造无限,"无限"本身必须从中抽身,但即便抽身,依然需要在这里存在。要是"无限"不能抽身给我们腾出地方,它就不是无限。但要是它完全抽身,那它也不是无限。它必须能抽身,又不能完全抽身,就像阿耶·卡普兰(Aryeh Kaplan)提出的超著名悖论:上帝能不能创造出一块自己搬不动的石头。也很像《麦琪的礼物》里那对小夫妻,关于这份自由你不能想太多,否则礼物就失去了意义。人生的意义是"无限"赠与我们最棒的礼物,但是为了让我们拿到礼物,它必须腾出一些空间。

这个答案是不是太取巧、模糊、不合逻辑了?有可能,但我要说句公道话,对于"怎样的人生才有意义",还有一些更蹩脚的解释,不妨来比较一下。

第一种解释完全否定了这个问题。"我找工作、赚钱、生孩子,换你也一样,一边儿待着去,瞎嚷嚷什么?"有些人在生命中大部分时间都持这种观点,而有些人终其一生都是这样。你自己满意,别人不敢说什么,你大可以继续像动物一样活着。如果狗能讲话,我们可以问它:"你为什么要在猫砂盒里吃屎呢?"它也会回答:"换你也一样,瞎嚷嚷什么?"对动物来说完全没问题，反正最后它们也要被人吃，皮也要剥下来做鞋子。这样日复一日地活着，对动物来说完全没问题，我不是在批判它们。

第二种解释认为，"做事情有什么意义"这个问题完全没有意义。这是我们前面讲过的逻辑实证主义的观点。你可以问"为什么天冷要穿毛衣"，但你不能问"为什么做事有意义"。我承认很难辩驳这种观点，但它根本没有说服力。

第三种解释认为，有一种至高无上的力量在指引我们，所有"为什么"的答案都是"因为它想让我们这样做"。我不太相信这种观点，它完全忽视了人类一些有趣而独特的特点，比如自由、判断和批评的能力，这些东西在这种观点下毫无意义。

第四种解释认为，人生之所以有意义，是因为我们选择给人生赋予意义。世界上有两种东西：一切本质上毫无意义的事物，和能将意义赋予这些事物的人类。其实就是笛卡儿的鹰鲨理论，是身心二元论。那么，还是那个问题：世上怎么会有这种怪物呢？在一个毫无意义的世界里，怎么会有能赋予意义的事物存在呢？如果人类能为事物赋予意义，什么东西才能阻止我们改变主意？如果我们先给事物加上意义，马上又改主意了怎么办？如果真能改主意，那一开始赋予的意义又算什么呢？

如果你也觉得这些都说不通（我承认，这点我没法证明），阿里的解释是不是听起来就靠谱多了？

以此类推，"无限"是在赋予我们无限性。

为了赋予我们这种无限性，它创造了一个宇宙，其中有一种生物逐渐进化到能够安排自己的生活，能把自己从生物学和文化环境的制约下解放出来。

这种生物（也就是我们）需要无限性，这种无限性要求事物的存在必须有意义。世界并不完美，既有美好也有恐怖，但我们都能以自己独特的方式来修复它。

这就是我们存在的意义。当我们打破界限、摆脱彼此的折磨，就能在无限中获得更多的个人感知。"无限"依然能保持它的无限性，包括我们在内的一切事物也都有了存在的意义。

为何要搞得这么复杂？干吗要说这么多才得出结论？为了解决世上各种各样的问题，我们必须将各种碎片拼凑完整，这样对世界的认识才是完整的，而我们每个人的碎片都有所不同。

阿里将"无限"比喻为树和人，而我最后的比喻是家庭。虽然夫妻二人看待世界的方式不同，但他们最终能将对立的观点融合，形成更高效的新认识。即便是观点完全对立的人也能够相处、相爱、组成家庭，这就是"无限"的魅力。诚然，我们也会争吵，但纵观历史上的每一场战争、屠杀，都不过是感恩节晚餐上的一次争吵。我们都是一家人，是有着血缘关系的兄弟姐妹。我们用家谱把所有人联系起来，兄弟关系、父子关系、祖孙关系、曾祖孙关系，这就是"无限"的一种体现方式。对伤害能容忍到什么程度，完全取决于我们的关系有多亲近。如果是兄弟，我们对彼此的要求会很高，希望一切尽善尽美。如果是父母，对子女也有些要求，但总觉得还要给孩子擦屁股。如果是爷爷奶奶，对孙辈已经没有什么迫切的要求了，给他们饼干吃就好了。所谓家庭的终极悖论，就是这样一个网状的结构，家庭成员间相互关爱、相互抱怨，再用各种可能的角度来解决我们共同面对的问题。

你可以相信，也可以不信，最起码我是信了，至少在一切顺利的时候我是信的。更重要的是，在这个被说服的过程中，我解决了自己最初的问题。无论我们做什么，"友善的面孔"都会爱我们，赐予我们祝福和礼物，这听起来好像有些耳熟。卡巴拉学者认为这张"友善的面孔"有一把长长的白胡子。你是不是也想起了某个人？无论你做了什么都会送给你礼物，有一把长长的白胡子、总是面带笑容的那个人？

圣诞老人。

圣诞老人代表"无限"的那张"友善的面孔"，他有着宽和的脸庞，长长的白胡子垂到腰间，将头脑与心脏都联结在一起。

圣诞老人存在吗？存在。它是"无限"向人类意识显现的一种方式。

你的父母也是圣诞老人吗？

当然。

但这还不是最后的结论。

埃里克·卡普兰是个受过哲学训练、信仰佛教的犹太喜剧编剧，他将关于现实的概念又向前推了一步，把哲学、神秘主义、喜剧和犹太文化混在了一起，这确实值得怀疑。但我可能更过分，说撒旦仅仅是16世纪萨法德的卡巴拉学者创造的概念，连犹太教义都抛弃了。我们是否又回到"我的教义才是正统的，你的是异端"那个问题上了？

我不是想让你全盘接受这些混杂的思想，而只想展示一下我是怎么做的，你还是可以按着自己的方式去分析。时至今日，我终于能将逻辑学、神秘主义、幽默和卡巴拉教义融合起来了。如果你是一名比利时与巴勒斯坦混血的无神论驯兽员，我更希望你能将苏菲派神秘主义、无神论、狮子的传说以及吕克·桑特[1]的内容加进来。不是说我对创建"教派"没有兴趣，我兴趣大得很。"教派"领袖可是一份好工作，只要有机会，任何人都愿意去做。你也应该创建自己的教派，我们可以相互认同对方的教义。

在你所认同的个人生活和社会生活中，什么东西存在？什么东西是真的？回答了这些问题，你就可以决定要加入我的"教派"还是另立门户了。

要回答"圣诞老人存在吗"或是"我应该信仰逻辑还是神秘主义"，实际上都是对未来进行预测。无论是戴上头盔的艾迪，还是纽拉特的船，都是通向未来的航路，我们在选择要买哪一家

1　著名法国电影导演，作品有《The 8》《面有忧色》等。——译者注

的船票。但在此之前还有一个更加基础的问题：你要如何选择当下的生活？很幸运，这个问题是这当中最容易的，回答时不需要牵扯哲学或科学，只要充分感知当下的情绪、思想和身体状况。要得到答案不光要调动思维，还要全身心地投入。

来试试吧。

你认为人生应该怎样度过？如果这就是生命的最后一刻，你想变成什么样？你的购物清单上都有些什么？

首先，这个时候你肯定不想迷迷糊糊的，不然连最后一刻都要错过了！你肯定想对当下有充分的感知。

还有别的吗？

想感受一下发痒吗？不想。恶心呢？也不想。身体疼痛呢？肯定更不想。

你肯定希望感到快乐。神经科学告诉我们，人类能体验到两种愉悦感：假如你正打得一手好牌，多巴胺会让你产生兴奋感，内啡肽则会让你产生满足感。我认为那种愉悦感明明近在咫尺但总也抓不到的感觉是最痛苦的。即便是最讨厌的敌人，我也不愿这样诅咒他。既然到目前为止咱们的关系还不错，那就来看看第二种吧。

也许人生的最后时刻能被无限延长，你过了这一刻才会被干掉（我希望不是现在，因为我喜欢你），总之，你只剩下这一点点时间了，首先你肯定想感受兴奋和满足。

你确定吗？听起来挺好的，注射药物、服用氧可酮也能提升人的幸福感，但大多数人不会这样去做。举个例子，给我哥捐献骨髓的时候我就服过氧可酮，感觉难以形容，当时我特别兴奋，甚至在癌症中心唱起了歌。挺丢人的，我当时明明很难过，但这些药片居然让我兴奋起来，药劲过去后真是一种解脱！那些吸毒成瘾的人并不是真的快乐，那是一种屈辱、奴役。

当然，在这种幻想实验里你可以随便选。生命只剩下最后一刻，能不能再加点儿什么让自己更快乐呢？依我看，单纯的快乐没什么价值，反正你都要死了。在生命的最后时刻沉浸在兴奋里，跟自杀也没什么两样。你不是真正快乐。前面我也说过，我挺喜欢你的，不想让你变成那样。

那再加上"意识"吧。你想意识到一些什么呢？这时你肯定不想分心，我认为你肯定想感受当下，感受一些美好。

开头听着还不错。为什么？这样就能解决药物成瘾的问题了？因为最美好的瞬间肯定不仅仅是快乐，你肯定还完成了一些自己关心的事，这些才是关键。如果你觉得自己可有可无，与周围失去了联系，那肯定不好受。

为什么要把圣诞老人和存在问题放在生活背景中考察，可能这会儿你也明白了：只有这样，你才能全身心地领会最美好的瞬间。我们是在全心全意向着这个方向努力，能得到最直接的身体反应。如果你跟我一样，那自恋和唯我论并不会给你带来愉悦，即便大脑挺愉悦的，我们的身体也会恶心、呕吐。这种选择谈不上美好，更谈不上最好。换言之，我们嘴上说着自己自私冷漠，但如果非要在以下两种情形中做出选择：

1. 自己快乐的同时，让全世界遭殃。
2. 自己承受少量痛苦的同时，让全世界感觉良好。

你当然会选第一个。

但紧接着，心理健康的人都会选第二个：

1. 自己快乐的同时，让全世界遭殃。
2. 自己快乐的同时，让全世界也感受快乐。

我知道你是个好人。当生命走到最后一刻，一切都没有分别时，没人想当恶人。你希望自己快乐，也希望大家都快乐，这样你自己才更快乐。

我们来假设一个场景，把快感摆在首要位置上。有只怪兽想吞掉整个宇宙，消灭它的唯一办法就是经历一次高潮。这样，在生命的最后一刻，你不仅成了最伟大的英雄，还享受了极致的快感。即便因此创造了一只怪兽，那也比嗑药强多了。真可怕！为了享受快乐，我们必须造一只吞噬宇宙的怪兽出来。而且可怜的怪兽刚被造出来，你就要杀了它。别说我戴着有色眼镜：到底谁才是怪兽呢？

好吧，如果我们不打怪兽，去做点儿好事呢？

如果你的高潮能引起另一个人的高潮呢？

这回好像有点儿靠谱了！没有比这更好的了？当然，如果对方是第一次有这种体验，或者只有你能给对方这种体验呢？这个点子我喜欢！如果不仅是带给一个人高潮，而是给所有人高潮呢？听起来简直太棒了！

但是，我想提一个问题。很多人会说："问题？所有人都高潮，有什么问题？我觉得挺好，继续。"但这就是问题，它太无聊、平淡了，简直就是几本色情杂志的混合体。这种念头可能早就扎根在我们的身体里了，也可能是因为一天24小时、一周7天不间断的媒体渲染。我不是要道德批判，因为刚开始确实有意思，但这还不是最好的选择。既然一切都没有区别，那么最美好的瞬间应该是新鲜的、令人惊艳的。你肯定不想感到无聊。

大家都得到快乐了，还能再加点儿什么呢？加什么才不无聊、不落于俗套呢？

有些快乐并不无聊，它们都源于发现：比如学到了知识、解决了问题。这种发现可以是智力、艺术或者个人层面上的，可能是你明白了自己的使命，搞清了自己要养什么宠物、想跟谁结婚、想住什么样的房子，也可能是成功构建了一套伟大理论。在生命的最后一刻，你有了惊人的发现，相比之下前面的日子太烂了，就像一直有怪兽啃食宇宙一样。这是个应该高喊"啊哈！"的瞬间，把之前的人生映衬得黯然失色。当牛顿看到苹果落地，贝多芬脑中浮现"郴郴郴郴"的前奏的时候，他们都有过这种感觉。

这是一种精神层面的比喻，之前我们在物质层面也做了比喻，那么情绪层面呢？在情绪上，例如《自然之子》（*Nature Boy*）这首曲子响起时，你能体会到爱与被爱的重要感受。

所以说——最好的瞬间应该是极致的身体快感，加上爱与被爱的情绪满足，再加上高喊出"啊哈！"的精神愉悦，够新鲜，够出人意料，就像一个茶包泡出了满满五杯茶。

已经很好了，但还不够完美。我可不希望你为此前虚度的时光觉得愧疚。

我们应该怎样看待以前的时光呢？我们肯定都希望现在和过去不一样，要比过去更好，但又不能把过去反衬得跟一堆垃圾似的。我们对往日心怀感恩，同时享受当下美好、丰富、新鲜、有趣、快乐的新生活。

换句话说，最好的时光不是要你抛弃过去，而是可爱的宝宝长大成人，是两片嫩芽长成一棵繁茂的花椰菜。

如果我觉得成长这件事很无聊怎么办？嫩芽长成花椰菜，小孩子长成富有活力的成年人，甚至是细菌进化成热热闹闹的地球生物，如果我觉得这些统统很无聊怎么办？很遗憾，我也帮不了你了。如果你一心求死，赶紧找人帮忙吧。别看书了，走进你的生活吧。种种菜，养养孩子，给羊挤挤奶，出去散散步，感受一下体内的生命循环。我十分笃信一种观点：如果你觉得生活无聊，是你的问题，不是生活的问题，生活一点儿都不无聊。植物、动物、生态系统都是最有意思的东西。想要驱散无聊，你要去感受身体，感受情绪，感受生命的脉搏。

我们一直在寻找生命里最重要的时刻，它需要新鲜感，无限的可能，过去的积累，就像从泥土中长出植物。在我看来，想知道圣诞老人存不存在、人生有没有意义，你就得把这些想法装进脑子里，看看自己快不快乐。有没有哪位聪明的科学家、伟大牧师、神秘主义者或者维基百科直接剧透呢？不能。这才是最有趣的地方，只有你亲身经历了，才能知道它对你重不重要、为什么重要。没错，世上有很多事即使你不做也知道很重要，比如让孩子学点儿西班牙语。成为中产阶级家长后我总听别人说："让你孩子学点儿东西吧，肯定有用！"确实很重要，但规矩太多，也很无聊。哪些才是最重要的东西呢？是那些能为你敞开新世界大门的东西，门里面是你从来不知、从未想过的更多重要的东西。

要想知道一个东西是否存在，就趁着大脑状态好的时候把它装进去，看看它到底是什么样子。要想知道大脑状态好不好，就去看看它是怎样一步步演变成了今天的模样，带给我们多少欢乐和意义。纽拉特说得对，我们最初都有一些自己的坚持。但随着时间流逝，我们遇到他人，相爱，生子，变成爷爷奶奶。后代是由我们的遗传谱系和人生意义造就的，就像一棵大树结出了果实。

无论你相信量子物理还是圣诞老人，信仰都是你生命的一部分。生命另有一种超越于纯机械之上的逻辑。[1]这种纯机械的机制可能会被打破（在这里可以假设某种事物本身能从创造者对它赋予的存在目的中抽离出来），但生物必须经历从不成熟走向成熟，然后繁衍，变老，直至死亡的过程。

现在，终于可以聊一聊死亡的问题了。我们已经设想出了完美的永恒瞬间，也设计好了完美的最后时光，二者都会在我们弥留之际出现。面对人生的最后时刻，如果我们能为它赋予意义，就相当于为整个人生赋予了意义，每一个瞬间都会成为我们活着的最后一秒。

那我们应该持怎样的态度呢？很意外，答案来自我们的神经学家老朋友伯吉斯，他为我们讲了一个关于老鼠的实验：

C. P. 里克特（C.P.Richter）在《动物与人类的猝死现象》一文中写道，他先剪掉了几只老鼠的胡须，把它们扔进水桶里，让它们一直游，直到淹死。实验前，理论家沃尔特·坎农（Walter

---

1　参见迈克尔·汤普森（Michael Thompson）的《生命与行动：行动的基础构架与实践思维》一文，非常精彩。其中讨论了生物与非生物间的逻辑区别。举例来说，精子有尾巴是为了在卵子上着陆，但大部分精子都没能在卵子上着陆。

B. Cannon）曾预测老鼠会在"抗争还是逃跑"之间挣扎，它们会交感神经兴奋，最终怀着无尽的恐惧力竭而死。结果证明，被驯化的老鼠确实会在死前游上好几个小时，但野生老鼠会直接开启迷走神经假死，十五分钟后平静地死去。

你想当哪种老鼠呢，野生老鼠还是驯养老鼠？我宁愿当野生的。如果真的走到生命的尽头，即便最终归于虚无，我也宁愿平静地离世。驯养老鼠太可怜了，它们在临死前依然要经历极度恐惧的状态。若我们平静地接受死亡，不动用交感神经，那种感觉会更像"希望"。不是特指想要安睡在绿荫之下，而是泛指对世间万物的希望。在离世前，我希望能有几分钟思考的时间，可以沉浸在喜剧里，和家人、朋友讲讲笑话。如果那一刻真的到来，我希望能用迷走神经假死，安然享受这个不确定的瞬间。

结论

我未来的孙子

我不知道未来会发生什么，但我可以想象。如果用科学理论思考，在未来人类可能会继续进化，发明智能机器人，我们喜欢的熊、狗、马和橡树这些动植物也会不断进化，有一天它们能自己开口诉说生命的意义。这是我的一种假设，但我保证，如果真有那么一天，我肯定会告诉你。如果我右脑用得多一点儿，我会相信爱是万物的基础。但礼物只有打开了才算是礼物，所以未来到底什么样，我也不知道。

再具体一点儿，我可以想见多年后再见到塔米的场景。我会跟她道歉，因为这本书，她儿子再也不相信圣诞老人了。圣诞老人仅仅展现了"无限"那一张"友善的面孔"。所以我请她读了前文的内容，她是这样说的：

"埃里克，说真的，什么逻辑、神秘主义还有哲学，我统统没兴趣。我爱看喜剧，但不会拿它当真，这不是消遣吗？你说的阿里和'友善的面孔'我一点儿都不了解，听着太诡异、太遥远了。我是纳什维尔人，除了家庭外，最感兴趣的就是收集一些小老鼠乐队的摆件。我不是说人人都该收集这个，只是我自己的一点儿小小的骄傲罢了。把玩它们的时光显得特别珍贵。我不想给别人看我的收藏，他们可能弄丢或者弄坏。

"我有一个圣诞小老鼠的摆件，它的名字叫'圣诞胡爪子'。我特别喜欢它，爱跟它玩，一直小心不把它弄坏。

"当我跟孩子说圣诞老人的时候，是想告诉他们一些我眼中珍贵的东西，但不想把它们弄坏，就像我不想把老鼠摆件弄坏一样。这些东西我不想给任何人看，因为我不想被取笑。但在家时我很喜欢跟它们玩。这个圣诞胡爪子就是圣诞老人送我女儿的。"

为什么我要讲这些？我本以为在经历了阿里、斯凯勒和动物园的驯鹿事件之后塔米会把我拉黑，但不知道为什么，她没有这么做。之后，阿里和她儿子斯凯勒成了好哥们儿，又跟她女儿肯

德拉成了朋友。不久后两人渐渐出双入对，在经历了少年时的亲密和背叛后，两人最终相爱并结婚了。

现在塔米做了外婆，我当了爷爷。等这个孩子长大后，会试着弄清楚自己诞生的意义。回过头看，他会发现他爷爷相信"无限"有一张"友善的面孔"，而外婆相信有圣诞老人。穿过圣诞节清晨的迷雾，前面放着他的一堆礼物，上面分别贴着"逻辑""神秘主义"还有"喜剧"的标签。当他拆开礼物时，估计我会跟着他一起喊："吼吼吼！[1]"

<hr />

1 圣诞老人标志性的笑声。——译者注

致谢

这本书记录了我历时长久、毫无计划、浑然不觉的成长经历,虽说这是本书的致谢部分,但我也要感谢下面这些人对我人生的影响。

我的父母:本杰明和夏洛特·卡普兰(Benjamin and Charlotte Kaplan),以及我的祖辈:沃尔夫和格西·布克斯鲍姆(Wolf and Giselle Buchsbaum)、爱德华和多拉·卡普兰(Edward and Dora Kaplan)。

我的妻子拉杜卡(Raduca),我的孩子阿里和米拉(Mira)。

我在神秘主义领域的导师:查洛·科萨德哈姆、罗伯特·瑟曼。

我在哲学领域的导师:马克·阿斯特(Mark Ast)、斯坦利·卡维尔(Stanley Cavell)、西德尼·摩根贝沙、伯纳德·威廉姆斯(Bernard Williams)、约翰·塞尔(John Searle)、休伯特·德雷福斯(Hubert Dreyfus)。

我在卡巴拉领域和犹太教领域的导师:戴维·萨克斯(David

Sacks）、西姆哈·温伯格拉比（R. Simcha Weinberg）、戴维·弗里德曼拉比（R. David Friedman）、派瑞特·奥尔巴赫拉比（R. Perets Auerbach）、亚伯拉罕·萨顿拉比。

感谢我的编辑史蒂芬·莫罗（Stephen Morrow）还有达顿（Dutton）出版社的每一个人。

感谢查理·巴克霍尔兹（Charlie Buckholtz）、西姆哈·温伯格拉比、诺姆·科恩（Noam Cohen）审阅本书初稿，并提出了宝贵建议。

感谢我在《生活大爆炸》剧组的同事们，尤其是原案查克·洛尔（Chuck Lorre）和比尔·布拉迪（Bill Prady），制片人史蒂夫·莫拉罗（Steve Molaro），编剧戴夫·戈奇（Dave Goetsch）、吉姆·雷诺兹（Jim Reynolds）、史蒂夫·霍兰德（Steve Holland）、玛丽亚·费拉里（Maria Ferrari）、塔拉·埃尔南德斯（Tara Hernandez）、杰里米·豪威（Jeremy Howe）。感谢演员马伊姆·拜力克（Mayim Bialik）、凯莉·库柯-斯威汀（Kaley Cuoco-Sweeting）、约翰尼·盖尔克奇（Johnny Galecki）、西蒙·赫尔伯格（Simon Helberg）、库纳尔·奈亚（Kunal Nayyar）、吉姆·帕森斯（Jim Parsons）以及梅丽莎·劳奇（Melissa Rauch）。